中国—意大利教育丛书

BASIC EDUCATION IN ITALY—A STUDY

意大利基础教育研究

[意大利]保罗·卡里多尼　编

[意大利]　恩里科·莫罗·萨拉蒂　凯萨·斯古拉蒂　著

瞿姗姗　译

邬银兰　张刚峰　谢明光　校

ZHEJIANG UNIVERSITY PRESS
浙江大学出版社

图书在版编目（CIP）数据

意大利基础教育研究 /（意）萨拉蒂,（意）斯古拉
蒂著;（意）卡里多尼编;瞿姗姗译. —杭州:浙江
大学出版社,2015.5
（中国—意大利教育研究丛书）
ISBN 978-7-308-14535-0

Ⅰ.①意… Ⅱ.①萨… ②斯… ③卡… ④瞿… Ⅲ.
①基础教育—研究—意大利 Ⅳ.①G639.546

中国版本图书馆 CIP 数据核字（2015）第 064045 号

意大利基础教育研究

保罗·卡里多尼 **编**

恩里科·莫罗·萨拉蒂　凯萨·斯古拉蒂 **著**

瞿姗姗 **译**　邬银兰　张刚峰　谢明光 **校**

责任编辑	李玲如(llr8798@zju.edu.cn)	
封面设计	续设计	
出版发行	浙江大学出版社	
	（杭州市天目山路 148 号　邮政编码 310007）	
	（网址:http://www.zjupress.com）	
排　　版	杭州中大图文设计有限公司	
印　　刷	浙江云广印业有限公司	
开　　本	710mm×1000mm　1/16	
印　　张	8.25	
字　　数	130 千	
版 印 次	2015 年 5 月第 1 版　2015 年 5 月第 1 次印刷	
书　　号	ISBN 978-7-308-14535-0	
定　　价	28.00 元	

版权所有　翻印必究　印装差错　负责调换
浙江大学出版社发行部联系方式:0571－88925591;http://zjdxcbs.tmall.com

《中国—意大利教育丛书》
前　言

　　本丛书的诞生源于罗马慈幼会大学与浙江大学教育学院下属浙江大学思高教育研究中心于2008年签订的合作协议。这一合作的最初计划之一便是着手出版一套题为"意大利—中国教育"的系列丛书。

　　出版本丛书的首要目的是增进两国在教育制度方面的相互了解,尤其是双方院校在教育科学之间的交流;另外还希望能为科学地诠释中意两国的教育问题提供更坚实的理论基础。正是基于上述两个目的,我们相信这一系列丛书的出版能够填补该领域的空白。除此之外,还希望能够帮助双方院校的教师和博士研究生出版在其领域有重要意义的研究成果。最后,我们也希望丛书的出版能够为增进中意两国人民的相互理解作出一份贡献。

　　本丛书主要面向高校教育科学专业以及高中阶段学校的教师和学生,但也是广大教师、教育工作者、家长以及记者、政府部门相关人员、社会组织成员等广泛关注教育和学校问题的社会各界读者值得阅读的一套普及型学术丛书。

　　本丛书中的意大利教育系列以意大利语和汉语出版,而中国教育系列则以意大利语和英语出版。其中,中国教育系列已经出版发行,并且取得了巨大成功,目前已一书难求。全套丛书共有十本,其中:中国教育系列五本,意大利教育系列五本。丛书内容涉及两国教育和培训体系的各方面问题,从整体视角进入到单一层次,从基础教育——这也是本册所探讨的内容进入到中等教育,在此,我们也没有遗忘职业和技术教育及培训;最后也对高等教育体制做了恰当的介绍。

古列尔莫·马利泽亚、卡罗·南尼、苏国怡(卡罗·索库尔)、徐小洲

于意大利·罗马

《中国—意大利教育丛书》编委会名单

古列尔莫·马利泽亚：意大利罗马慈幼会大学教育科学系教育社会学荣誉教授。

卡罗·南尼：意大利罗马慈幼会大学校长，教育哲学教授

苏国怡(卡罗·索库尔)：浙江大学思高教育研究中心主任；意大利罗马慈幼会大学客座教授；中国香港教区圣神修院基督教史教师；意大利罗马慈幼会史研究学者协会主任

徐小洲：比较教育教授；浙江大学教育学院院长；中国国家基础教育课程中心主任；浙江大学思高教育研究中心主任

中国教育系列：

1. 杨明：《中国教育体制》
2. 徐小洲、梅伟惠：《中国学校政策与法律》
3. 汪利兵：《中国基础教育》
4. 顾建民、黎学平、王莉华：《中国高等教育》
5. 吴雪萍、叶依群：《中国职业技术教育》

意大利教育系列：

6. 古列尔莫·马利泽亚 、卡罗·南尼：《意大利教育制度研究》
7. 保罗·卡里多尼、恩里科·莫罗·萨拉蒂、凯萨·斯古拉蒂：《意大利基础教育》
8. 朱塞佩·塔科尼：《意大利高中教育》
9. 达里奥·尼科利：《意大利职业教育和培训制度研究》
10. 米凯莱·佩莱勒：《欧洲视野下的意大利高等教育体系》

出版前言

　　这本中文版的《意大利基础教育》是专门为纪念于 2011 年逝世的凯萨·斯古拉蒂教授而出版的,他是 19 世纪意大利教育家若望·鲍思高及其可运用于全世界的教育体系的欣赏者、研究者和普及者。本书是凯萨·斯古拉蒂教授的最后一部作品,在其朋友和同事的共同努力下,才得以完成的。

　　在本书中,"体制和课程"部分以及全书的总体编辑由保罗·卡里多尼完成,"理念的源流与参照"、"前言"以及"总结"部分由凯萨·斯古拉蒂完成,"当前的实践"部分以及全文写作的协调工作由恩里科·莫罗·萨拉蒂完成。

　　本书引用其他作者内容的,会在注释中标明。

　　最后,要在这里表示我们的感谢。

　　首先,特别要感谢的是本书的编者保罗·卡里多尼教授和作者恩里科·莫罗·萨拉蒂、凯萨·斯古拉蒂教授以及合作编者古列尔莫·马利泽亚和苏国怡教授对本书作出的巨大贡献;其次,要感谢 LAS 出版社和慈幼会大学使得本书的出版成为可能;最后,要感谢所有为本书作出贡献的朋友和同仁,本书的成功出版离不开你们的帮助。

阅读说明

在意大利,3～14岁儿童就读的学校分为三个层级,即幼儿园、小学、初级中学。过去,这三个层级的学校在各自的道路上独立发展,而现在则慢慢地演变为在同一所教学机构内进行包含了所有层级的一体化教学过程。

为了在一本书内对意大利基础教育学校的现状进行介绍且不致太过浅显,我们认为可以从三个互补的角度对每一个层级进行阐述:

(1)从制度的角度,介绍现今规定学校运行的官方法规,主要使用官方文献。

(2)从教育学的角度,介绍决定制度制定和实践的指导思想的演变,引证最重要的相关原则和作者,并附上相关经典文献的段落。

(3)从实际的生活和教学活动的角度,即从学校实地出发来展示,包括那些在学校工作的教育工作者的现身说法。

因此,本书就像是一个拼图,读者既可以通过阅读和使用本书对每个层级的学校(幼儿园、小学、初级中学)有一个比较完整的认识,也可以进行不同层面(制度的、教育学的、操作性的)的“纵向”阅读。不同层面的“拼图”风格和形式都不同,但却通过一种统一的“建筑结构”联系在一起。这不仅仅是一本能从头到尾进行直线阅读的书,也是一本包含了大量信息、反思和评论的书。在使用本书的过程中,根据读者自身的不同特点和需求,可以使用演绎法(从规则到实践),也可以使用评论和语源学方法(与规则和实践相关的思想的演变),还可以使用归纳法(从实践到指导思想和规则)来阅读。

根据编著者的意愿,本书可作为一本工具书,让不同层次、不同文化背景下的读者都能够使用该文献信息。因此,在本书后面的章节里包含了图表、专题讨论和专业人士的现身说法,最后引导读者走进意大利基础教育学校(幼儿园、小学、初级中学),进行一次“虚拟的旅行或虚拟的沉浸式体验”,以了解实地的规则、指导思想和其中的一些人物。

编者和作者

意大利的学校体系与基础教育学校的一些基本信息

意大利教育体系由以下部分构成：

(1)幼儿园（针对 3～6 岁儿童），非义务教育，学制三年。

(2)第一周期的教育，细分为两个阶段：

• 小学阶段（针对 6～11 岁少年），学制五年；

• 初级中学阶段（针对 11～14 岁青少年），学制三年。

(3)第二周期的教育：由高级中学阶段组成（针对 14～19 岁青少年），学制五年，其中包括了职业教育与培训。

(4)非高等教育的中学后教育与培训，在高等技术学院(ITS)内开展。

(5)高等教育，由大学教育和非大学高等教育构成。

义务教育的总学制为十年（直到学生年满 16 岁），由第一教育周期加上高级中学前两年或者三年职业教育和培训组成。另外，全体公民都有接受至少十二年的教育和培训（在教育体系内）或者在 18 岁之内接受教育培训（在职业教育和培训体系内）直到取得职业资格证书的权利和义务(53/2003 号法律)。但根据 2010 年 10 月 19 日正式通过的《劳动法草案》第 48 条第 2 款规定，从 15 岁开始的学徒实习也被认为是以履行教育义务为目的的培训活动。

义务教育阶段是免收注册费和学费的。学前教育虽然不属于义务教育，但也无需缴纳学费。高中阶段需要缴纳注册费、考试费和实验室的运行维护费。

国家直接负责为学校的行政管理和教学提供资金；各大区负责为学生提供服务与帮助（包括食堂、交通、小学阶段的课本、贫困生补助金、社会医疗卫生援助）；各省和市可以在大区的委托下提供这些服务与帮助。《意大利宪法》第 33 条确立了自然人和法人在不为国家增加负担的情况下建立学校和教育机构的权利。2006 年 2 月 3 日颁布的第 27 号法律确定，非公立学校如果遵守公立学校的规定，则能被认可为同等地位的学校。

尽管公立学校与地方机构和个人设立的同等地位学校隶属于同一国家教育体系，教育的自由（例如选择就读学校的自由）在意大利体制下的实现程度仍相对有限。

大部分幼儿园和第一教育周期内的公立学校都属于一贯制教育机构(Istituti Comprensivi)的一部分(2009—2010 学年该类学校数量为 3872 所),有一些幼儿园和小学则属于教育社团(Circoli Didattici)(同年该类学校数量为 2227 所),而另外有 1195 所学校(大部分在城区)仅设初级中学部。每所学校都由一位从事过教师职业的校长领导。

一贯制教育机构被认为是构建基础教育学校网络的最佳模式,因为这一模式"教育权的行使得以实现;使年轻人融入旨在引导和激发他们获得理解力、社交能力、公民生活规则的教育团体中,使他们得到同等水平的培训;促进和鼓励学校、地方机构、不同级别的行政部门、地方代表机构和各社会力量之间的竞争、互动和协商"。

每所一贯制教育机构大约平均由 2 所幼儿园、2.5 所小学、1.5 所中学构成,这些学校由同一位校长领导,共享办公室和行政管理系统,教育课程计划也是相同的;而其他部分,例如课程内容、工作组织、教师的课时和工资、"服务供应点"及其时间安排、组织结构、教学传统和实践,则各不相同。总之,这与斯堪的纳维亚国家、波罗的海国家、新加入欧盟的一些东欧国家(目前欧盟共有 25 个成员国)以及葡萄牙当前所采用的(各国设置也存在不同)基础教育学校"单一制结构"(不区分小学教育(ISCED1)和中学阶段的义务教育(ISCED2))不同,而是一个包含了不同组成部分的教育机构。

2009 年 9 月颁布的部长指导令为"面向 3～14 岁少年儿童的优质学校"的课程设置提供了参照标准,具体来说,该法令明确了以下内容:

幼儿园、小学和初级中学教育为学生完成中学阶段的教育和培训准备了必要的基础,从根本上为每位学生的个人成长和社会性成长提供了保障。

为了实现这一目标,必须做到以下几点:

1.1 必须把学生及其个人教育路线和学习路线放在学校所有活动的中心。

1.2 必须把培养今日和明日的公民这一目标放在首位。

1.3 必须在学校的运作上体现包容性,这主要体现在:

学校要关心残疾学生,应当对残疾学生给予特别的关注。学校应当结合地方服务的方针组织个性化的、需要特定职业能力的教学活动。由此,学校成为当地社会的培训资源,并使得当地社会对这一人群更为敏感,从而推动包容性文化在当地的发展。

学校要加强对外国学生的关注(尤其但不仅限于新近移民学生),关心他们的学习生活,并帮助他们平衡地融入到学校之中。目前在意大利的学校中,不管在大城市还是在小城镇,外国学生都已经占据一定的比例,尤其在幼儿园和第一周期的教育中。学校在对待新近移民的外国学生(非意大利籍、非意大利语为母语的学生)时,在尊重跨文化需求的非宗教背景下,有必要确保他们接受充分的意大利语教育,了解意大利公民社会生活的规则,以便帮助他们更好地学习,为他们主动且平衡地融入学校和当地社会提供保障。

1.4 必须根据欧盟和经济合作与发展组织(OECD)地区内的普遍标准确定 3～14 岁连续教育期内的阶段细分及所要达到的教育目标。

1.5 必须对每位学生的进步,尤其是在基础能力上取得的进步,进行定期的、系统性的考察。

1.6 必须要求每所学校对自己学生应当取得的学习成果和达到的学习水平负责。

1.7 必须制定和提供适合学生学习和成长的课程体系。

……学校的核心目标是培养学生,不仅要保证他们的能力达到其年龄发展的要求,还要保证这些能力在连贯的、一致的学习过程中取得,并且为今后的学习发展做好准备……培养他们良好的意大利语、数学、英语和科学知识的基础。

从这个意义上来说,第一周期的教育,就如学校发展史所给予我们的教育一样(开始是小学,后来中学也整合进来),有助于实现宪法条文中所说的"移除限制公民自由和平等、阻碍公民个人发展和有效参与国家政治、经济、社会活动的障碍"。

在长时间的试验之后,自 2009—2010 学年开始进行由国家教育体系评估院(Istituto Nazionale per la Valutazione del Sistema d'Istruzione)组织第一教育周期数学及英语能力国家测试,旨在评估学生入学前和完成第一周期教育后的知识和能力。每年该测试被分发给已经完成以下年级学习的学生:

- 小学二年级;
- 小学五年级;
- 初级中学一年级;
- 初级中学三年级。

该测试根据国家教育体系评估院制定的参考框架编写,该框架明确了指导测试编写的关键要素,包括:

- 评估范围,即第一教育周期内的哪些数学和英语能力构成考察对象,以及要评估的知识点;
- 评估方法,即评估工具的特点及试卷出题依循的标准。

这些测试对于学校实际课程体系的制定有着重大的影响。

意大利学校针对 3～14 岁少年儿童的课程按照欧盟于 2006 年 12 月提出的"终身教育核心能力"[①]而设置。这些能力分别为:用母语交流、用外语交流、数学能力、科学技术基础能力、数量计算能力、学习能力、社会和公民能力、创新与创业精神、文化理解和文化表达。欧洲指导方针被结合到"公民核心能力"以及 2007 年制定的教育义务(14～16 岁)法案[②]的教育轴心之中,从国际学生能力评估计划(PISA)对 15 岁青少年进行的阅读、数学、科学的功能性能力(知会能力)的测试中可以看到:其参考标准非常清晰、具体[③]。

---

① http://www.indire.it/db/docsrv//PDF/raccomandazione_europea.pdf

② http://www.pubblica.istruzione.it/normativa/2007/allegati/all1_dm139new.pdf

③ http://www.invalsi.it/invalsi/ri/pisa2006.php? page = pisa2006 _ it _ 05;http://www.pisa.oecd.org/pages/0,2987,en_32252351_32235731_1_1_1_1_1,00.html

目 录
CONTENTS

绪论　义务教育学校与基础教育学校

　　教育体系的发展过程凸显两大特点：一是义务教育时间的不断延长（以意大利为例：从 2 年→3 年→5 年→8 年→10 年），二是基础教育的概念随着时间的推移发生了巨大的变化。从传统意义上来看，"初级"意为"最简单、最容易"；而现在，这一概念的含义已转变为"基础性的"。也就是说，如果没有了这一阶段的教育，人们就会觉得缺少了某件东西，而这在人生的其他阶段或者之后的时间里都是无法重新获得的。同样地，生活方式的转变也要求基础教育能够涵盖对要求不断提升的能力和竞争力的培养。

　　如果要对这一情况进行深入探究，我们必须从教育体系所遵循的原则出发，即普通教育水平的提升是公民有意识并主动参与经济、社会、文化生活的条件。虽然，这一现象的到来不可避免，但也有必要对此做一些反思。

　　首先，不断延长的学校教育可能是源于"个人生涯的不确定性，即当个体对自己的将来进行设想时，在其面前会出现众多可能性，但其本身并不知道该采用怎样的战略来实现这些可能性"。由于缺乏在具体实践基础上实现具有规划性的教育条件，一种"身份弥散"[①]的局面便由此产生。实际上，学校教育的延长可能会造成负面情绪和局限性经验的产生。普通教育"时间长"的一大硬伤便是学校和更加宽广的职场的联系过于薄弱，而后者恰恰"与 13 岁左右的青少年息息相关，也愈发显得重要，因为这一人群需要了解进入职场的方式，并且了解职场对他们的要求"。因此，在学校教育中还存在着"课程设置的不平衡，通常情况下，应用科学过少，对社会的关注过少，培养动手能力和创造能力的实际训练过少"。总而言之，普通教育学校不应该忘记：现代生活中的教育应该具有二维性。但在学校课程的设

---

　　① 　A.卡瓦利等：《年轻人的时代》，博洛尼亚：Il Mulino 出版社 1985 年版。

置中,"与社会生活的结合仍然过少,与整个社会机构组织的关系不够紧密,对于技术对日常生活的影响仍了解不足。具体来说,学校课程的设置不足以让学生对职场有一个直观的认识"。

基于以上观点,便衍生出"基础教育"、"基础教育学校"和"义务教育学校之间的根本性的差异:"基础教育"是发展个人潜力和基本能力的教育;"基础教育学校"是通过拥有文化资源的有组织的学校体系来实现个人潜力和基本能力发展的机构;"义务教育学校"是通过在一级或多个层级的学校中学习来实现社会公民基本能力发展的机构。

根据联合国教科文组织(1974)①:基础教育是"为实现终身教育前景而武装人生的……(教育)周期",因此,它不能被简单地认为是小学教育的扩展,而"应该运用相当灵活的(教育)方法,将普通教育与多元化的教育结合起来,并大量地利用当地社区不同的教育资源……而且基础教育还应当通过学校和社会建立起的双向关系紧密地将学校学习与校外活动联系在一起,并深深地植根于儿童和成人所处的社会、文化和现实环境之中"。基础教育的主要目标是"帮助每个人承担起自己生活的责任",使之获得充分发展自我潜能的能力,能够通过持续的学习或加入工作行列的方式主动参与到社会生活中去,能够成为具有生产力、有效率且有满足感的公民,能够在属于自己的继续教育道路上走下去,培养具备创造力的个性和批判性的思维方式,能够获得身心健康。上述所有这些论述均意味着"潜能的充分挖掘和融入所在社会集体所需的个性与能力的和谐发展。另外,基础教育还要求人们获得从事某种有效劳动的具体能力,以及积极、主动参与社会生活、对之作出评判和改变的能力"。该教育周期的内容包括"职业启蒙教育、生活体验、各类课外活动、各种文化活动";该教育周期的目标在于"引导学生走入科学和技术的殿堂",以及"为学生打下用理论和应用实践去科学地理解这个世界的基础",特别是"打开就业之门,提出个体与社区的关系,强化社会服务的概念",发展"审美意识",提升"伦理和文化价值"。另外,该教育周期还需要"通过教育使学生具备决策能力和责任意识,发展儿童与生俱来的利他主义的天性"。

---

① 联合国教科文组织内部工作报告,未出版,巴黎,1974年。

意大利的义务教育为期十年,包括三个不同层级的学校;义务教育之前的阶段为幼儿园教育,虽然不具有强制性,但几乎所有人都会选择入园学习。这一长时间教育阶段的特性表现在终结性和承接性的并存。所谓终结性,是指这是一个阶段的结束;而承接性则表现在完成了这一教育阶段之后,人们可以选择继续学业或是迈入职场。很明显,它结束了一个内部各个元素之间保持高度一致性(统一的最终目标)的阶段(义务教育),但它并没有终结一部分人对未来生活的憧憬。

经济的发展(富裕的生活、社会流动、期望值的升高)催生了不断追求更高学历的趋势,同时也给予人们具备选择更适合自己、薪酬更高的工作的能力,因此,我们必须对这一阶段的教学质量进行仔细的思考:

- 义务教育的构建必须与公正、公平、社会进步的标准相吻合,是有组织的社会对成长中的新成员具有负责能力的表现方式,并陪伴其走上人生的道路。
- 义务教育涉及的时间是青少年时期的前段,这个阶段的少年儿童有他们的特点、需求、表达形式、潜能和不平衡性,特别是他们这一代的"文化"。因此,不能一成不变地用传统的眼光去看待学生,而应当建立学生和老师之间全新的教育共存关系。
- 学习的进程应该遵循各学科的逻辑本质和科学组织规律,各部分学习的内容应该具有某种意义的互相联系。学习的目的不在于知道"很多",而在于强化大脑对现实和知识的分析以及意义理解能力。
- 接受义务教育的学生必须履行一定的义务(按时出勤、不旷课逃学、遵守规定、与教师合作),同时他们在面对教育提供方时也享有一定的权利(被接受入学、不被排斥、获得合格的能力、得到人性化的对待),另外我们必须对学校教育服务提供方(学校行政人员、教师)规定相应的义务(职业能力、服务质量、素质、关心学生、亲近学生、接纳——陪伴学生)。

事实上,义务教育将学生和学校置于一个权利与义务构成的相互关系之中,"国家有在全国范围内建立并运作学校的义务(提供教育机会)",公民则有"接受教育和取得教育成果的义务"。

从实践的角度来看,有必要遵守一些具体的教学规则:

- 理论与实践相结合：将现实问题与研究的能力、问题的假设及解决方法之间的联系放到显要位置，不能将知识的获得与其来源及应用的大环境割裂开来；

- 拉近情感距离，提高价值观敏感度：分享和对话是学校教育阶段的两张王牌；

- 在学校的教育性集体生活中通过不同类型的活动找到肯定和激发个人主人翁意识的机会，创造合作和帮助他人的机会；

- 不要提前对下一阶段的"专业"进行直接的准备：义务教育阶段的知识就应该是基本知识，也就是一个人所要具备的力量和资源；

- 接受青少年对问题的表达语言和表达形式，帮助他们获得理性解决问题的工具；

- 抵制百科全书式的教育，以"认知探险"这样一种与简单的重复积累不同的教学模式来激发学习兴趣、集中学生的注意力；

- 提供各种活动、参观和杰出文化的样板；

- 加入替代选项和附加选项，分析学生的动机和选择偏好；

- 通过学校传授知识的职能，用各种方式帮助学生发展对生活的思考分析能力：传递对书本和事物、现象和本质、符号世界与生活世界之间深刻联系的感知；

- 为模仿性、反应性和自我剖析性的口头表达作业提供空间，试着让学校成为学生能够说话和表达的地方，使对话和交流成为一种常规，而不是偶尔为之；

- 鼓励学生对未来抱有开放和积极的心态，支持学生在自信和规划的基础上作出决定，能够做到在尊重现实数据的同时尊重对未来的期盼。

在义务教育学校任教，意味着帮助学生走进所在社区、经历文化教养，带领他们告别能力不足、缺乏安全感和恐惧的状态，消除他们感到害怕的理由，让他们认识到自身的价值，将独自在这个世界上行走的能力传授给他们。世界对于他们来说，起初充满着未知符号，但是慢慢地，各种威胁都会消失。我们将学校看作一个转变性的机构，而不仅仅是思考性的机构。越看重这一点，我们便越会发现在义务教育学校、人民的学校和全民的学校这条道路上要做的还有很多很多。义务教育学校对其学生的生存具有决定性影响,没有人能够避开它,而义务教育的结果则取决于其最根本的三大要素的交织,即义务、权利和服务。

最后,学校不仅仅为学生而设立,也为在其中生活的所有人而设立,包括成年人,因此成年人在学校的生活质量也是需要考虑的方面。教师、校长、行政人员和其他工作人员都拥有在工作环境中实现其人生和职业发展的权利。

事实上,学校的共同生活不能仅仅作为一种偶然或者一种工具而存在,也不能由于其义务的本质而仅仅体现出功能性。学校也应该是其成员相识、建立友谊、互相帮助、开展合作、共同生活和在同一场人生冒险中和谐相处的魅力之所。

第一章　幼儿园

第一节　体制和课程

学前教育在幼儿园内开展,为期三年,面向 3～6 岁儿童。幼儿园处于教育培训体系内,但不具强制性,是公立和非公立教育中唯一的学前教育层级。

幼儿园教育的目标是"通过教育帮助儿童发展情感、精神性运动系统、认知、道德、宗教和社会性⋯⋯"同时也提供童年时期需要的服务并与学校教育衔接。

让全国范围内的每一个年轻人都有上学的机会,无论他身处何方,也不管其社会经济地位的高低,这是意大利共和国宪法(第 33～34 条)所规定的国家责任。接受幼儿园教育被认为对儿童的成长及其之后的学业成功具有决定性的意义。因此,在过去的历史时期里,政府颁布了一些法律,重申了普及幼儿园教育的目标。

一、历史简述

最早接收幼儿的机构是托儿所,意大利的第一家托儿所由费兰特·阿波尔蒂(Ferrante Aporti)在 1829 年于克雷蒙纳(Cremona)设立。

1907 年,玛丽亚·蒙台梭利(Maria Montessori)在罗马开设了"儿童之家",这是在学前教育领域走出的具有奠基石意义的一步。蒙台梭利女士创立了自己的儿童教育方法,至今这种方法仍然以她的名字命名。

然而,幼儿园成为公共教育版图中的正式成员还要等到 1923 年真蒂莱改革和 1928 年《法律汇编》的发布。根据此次改革,幼儿园被命名为小学预备学校。

直到 1968 年第 444 号法律的颁布,政府才承担起了学前教育的全部责任,认可了私立机构的教育功能并给予财政拨款。

就这样,学前教育的特色被概括为所谓的"机构多元性",在组织机构和管理的层面上,同时存在着三种不同的学校:私立机构设立的学校,这些机构大部分具有宗教背景;地方机构创办的学校;以及国立学校。

随着第 444 号法律的颁布,学前教育(幼儿园)的发展道路也渐渐发生了变化。首先,该法律使得学前教育过去凸显的辅助性特征越来越淡化;其次,它强调了学前教育的教育性功能,尽管学前教育与小学教育保持着连贯性,但其教学活动其实已完全独立;另外,它使得学前教育迈出了完全融入学校教育体系之中的步伐。

近年来进行的实验和在莱乔·艾米利亚(Reggio Emilia)市立托儿所和幼儿园开展的莱乔儿童项目(Reggio Children)是一种宝贵经验,多年来它都是评价学前教育质量高低的参照标准:这不是随口而谈的,这些案例曾被来自世界各地的教师、教育学家、研究人员、行政人员、政治文化界人士所研究,并持续为他们所关注。

2003 年 3 月 28 日颁布的第 53 号法律(关于教育培训体系的改革)和2004 年 2 月 29 日颁布的第 58 号法令将学前教育完全融入教育体系之中,并将它命名为幼儿园。至此,幼儿园发展道路上的一个历史阶段结束了。

二、组织结构

注册进入幼儿园的条件是儿童在该学年的 12 月 31 日前必须年满 3 周岁。自 2009/2010 学年开始,在该学年的 4 月 30 日前年满 3 周岁的儿童也可以提前注册进入幼儿园①。

规模较大的学校会根据儿童的年龄来划分班级,每一班的儿童年龄相同(3、4、5 岁),但不同年龄的儿童也可以被划分在同一个班级中。一般来说,每班的学生数量最多为 26 人,最少为 18 人,配备 2 名老师。

---

① 校者按:学年是从前一年的 9 月初开始到第二年的 6 月末,因此从学年来说,这里的 4 月 30 日是指后一年的,比 12 月 31 日要迟。

在幼儿园任教预期必须接受 5 年完整的大学教育①(当然,这是对未来而言的),当前在幼儿园任教的教师学历水平参差不齐,从高级中学毕业到大学毕业不等。

办学机构拥有组织和教学的自主权,学校必须在教育计划的基础上,制订与其教师资源相适应、与家庭的主要需求相吻合的每周、每日课程表。年级委员会或学校管理委员会有权决定每天教学活动开始和结束的时间,有权决定每周的授课天数,但根据规定不得少于 5 天。在规定的总课时范围内(875~1700 课时/年),学校可以决定自己的周课时模式,25 课时/周的只在上午授课的最小化课时模式,40 课时/周的中等课时模式,或 50 课时/周的最大化课时模式。教学活动在 9 月 1 日至 6 月 30 日期间开展,圣诞节、复活节和暑期会放假。

三、课程设置

教育部于 2009 年 9 月颁布的《指导法令》将幼儿园定义为"学习和接受教育性照料的场所",并对此作出了详细的说明:"幼儿园与家庭教育保持持续关系,是一个十分重要的教育场所,在这里,儿童能够与身处的世界建立一部分实质性的联系……首先我们必须考虑的是在那里的不只是孩子,而是具有多样性的孩子,他们在好奇心、身心发展和成熟度上各有不同。因此,我们不应只考虑到童年的'典型'模式,还应考虑到这些儿童在具体生活中所存在的差异。因此,我们必须将当今儿童个性中表现出的脆弱并需要保护的特点看作是教育的关键。这就要求我们理解儿童各自的童年生活,理解他们希望被倾听和被认可的需求,理解他们成长发展的各种特殊的可能性。"

正在修订中的《2004 年国家课程设置指导方针》规定了:

- 教育过程的总目标:强化个性、学会自主、发展能力。
- 与教育活动相关的具体学习目标:"自我与他人";"身体、运动、健康";"信息的创造和利用";"探索、认识与规划"。

---

① 校者按:在意大利本科教育为三年学制,硕士教育的学制为二年,但是在意大利能够按照学制的要求毕业的学生比例不高。

学生学习与发展水平评估则包含以下内容:学习的初始时期,强调入学时需具备的能力;教学进程中间,考察教学的结果,决定是否根据需要调整教学方案和学习过程;对教育结果、教育教学质量和学习过程意义进行评测。

第二节 理念的源流与参照

一、自发性和目标性的结合[①]

意大利的幼儿园建立在牢固的教育学基础之上,这使得幼儿园能够稳固地植入到国家的社会共识和文化习俗之中;另外,幼儿园还具备了道德和专业的双重身份,使其有能力克服重重障碍,在满意度和受尊重程度上都超过其他层级的学校。

取得这一突出地位的原因在于幼儿园展现出了将儿童成长发展的自主性和教育的目的性紧密结合的能力。这样,便能将自然经验的直接性和有组织学习的技术性结合在一起,按照既定的目标和结果开展教学,从而取得预期的成果。现代儿童教育学认为,在教育的具体实践中,"文化"和"自然"不能互相冲突或否定。现代幼儿园在各种行动上都始终秉承了这一原则。

1.自我认知

意大利幼儿园的发展史是一幅文化与组织结构多元化的图画,其中既有公立学校(国立、市立),也有私立学校(由宗教团体、社团、家庭团体建立),展现了它在国家教育培训体系内覆盖面不断扩大、质量不断提升的过程。现在,幼儿教育被认为是通过与家庭合作,发展所有儿童的自我认知、自主性和能力的启动环节。

在意大利有超过95%的适龄儿童入园学习,这一学习阶段作为国家教育的组成部分,其所具备的教育功能得到了确立和认可。也就是说,尽管没有法律强制儿童入园,幼儿园还是跻身于"基础教育学校"的行列,是为

[①] 本章节由凯萨·斯古拉蒂所著。

公民充分参与社会生活打下基础的学校之一。

正如1991年的《指导方针》所述,幼儿园组织的活动应该"运用文化的工具和语言,对儿童的直接经验进行循序渐进、主动且具有创新性的再加工",通过不同的学习过程,在受引导的自主性的氛围下,帮助儿童获得基本能力(认知、实践、人际关系),而这些能力在后续的学校教育中将得到进一步的细化和巩固。因此,在幼儿园中开展的活动并不是特定教育阶段中封闭的过程,而是为公民自我发展和孕育今后获得成功的能力打开大门的十分重要的第一步。

正因为此,我们必须明白工作的结构化对于幼儿园教育实践工作的重要性及其教育教学活动中应当遵守的基本规则:

- 教育的目标应当体现在其意图促进、推动和强调的态度和活动之中,而不是其传授的知识内容;
- 教育实践的规划和开展应当着眼于培养儿童(智力、情感、社会)的全面发展,且考虑到这些不同方面之间的内在联系;
- 向所有儿童提供对其个性、自主性和综合能力的获得具有重要意义的有组织的学习情景;
- 儿童发展的最终目标和应当取得的核心能力包括:用非现实世界中的象征性心理语言表达和描绘自己的内心世界;主动、积极、有创意地口头表达自己的想法;在行为和交流中考虑到他人的观点;学会自我引导、自控和坚持;强化安全感和归属感;用各种形式的交流来开展交际和学习活动;拥有基本的好奇心,以便去探索、发现、解决问题;获得最基本的知识,重组自身的经验,并以能与他人分享的形式表达出来;
- 上述最终目标是儿童经过幼儿园学习后必须达到的目标,但每所学校可以根据自身工作情况的不同特点组织不同的学习过程。

这样,幼儿园阶段之后的学校在组织教学的时候便有了儿童所具备能力的初步参考。这些能力是幼儿园在精心设计的学习过程中开始培养的,这一学习过程从儿童这一年龄段的生活、认识和行为的具体方式出发,以动态、全局的眼光,关注儿童理解、思考、定位和互动能力的不断发展。

在幼儿园里,语言能力的发展是通过不同形式、不同目标的说话练习获得的,道德上的成长是通过对现实行为的观察和思考获得的,身体上的成长是通过运动锻炼获得的,以此类推。因而,学习不是通过言语的传递,而是通过在实际环境下的练习而构建的。

对于幼儿园而言,与其他层级学校建立正确有效的持续性意味着:避免将儿童成长的不同方面进行分解培养;避免过早提供明显的分学科教育活动;在尽可能贴近现实生活、贴近真实社会关系的情景中培养儿童的能力和自主性;使用恰当和可信的评价工具和评价程序;运用集体合作的途径将学校运作中的所有主体集中到开放式的讨论中;关注并完善对学生的观察和倾听;制订符合学校所在地具体需求的、可提出并能被接受的教学计划与项目。

总而言之,幼儿园提供的是尊重学生自然心理特点(其形成受家庭模式和自然发展的影响)的环境,以及一个由致力于陪伴、帮助儿童成长的专业人员所组成的集体。

2.前提条件

意大利幼儿园的运作以教育的持续一致为导向,但同时也要根据社会和生活体系中出现的新问题和新需求进行改变和调整。

在这里有必要阐述一下在对意大利幼儿园的理解中已取得共识的一些基本要素。

(1)儿童——主动的对话者

对儿童行为的主动观察和对儿童生活(至少是在经济和工业高度发展环境下)的新条件所进行的(社会学的和心理学的)科学研究丰富了我们对儿童的认知。儿童的形象更多的是"强势"的,而不是"弱势"的;我们看到更多的是他们的权利和能力,而不是他们的需求。也就是说,儿童是有力的、具有主观能动性的个体;能够与成年人和同龄人进行有意义的互动;能够影响成人的消费和经济选择(举例来说,儿童左右了一些重要的经济产业,如服装、食品、药品和玩具);能对与他们相关的事实和现象产生想法、作出解释;具备丰富而敏感的内心情感,活跃的思维和好奇心;能融入到紧张刺激的社会生活中。因此,本质上来说他们并不是弱小而缺乏能力的,而是具有无限可塑性的。在儿童身上存在着与童年时期相对应的人本身所具有的潜能。正因为如此,童年时期应具备和待发展的"能力"标准就成为了教育规划的中心议题。

（2）教育形式的恢复

近年来,颇受关注和引发探讨的话题是:我们应该重新给"教育"的概念界定出"教"与"育"之间合理的比例,相对于纯粹知识传授的"教"而言,"育"应扩大其范围。但如果我们把这一要求理解成为将幼儿教育退回到私人教育和家庭教育的话,那就错了。当然,这也不代表不受监控的强势权威教育形式会重新回归。教育,并不意味着独裁。

相反,这一思想希望人们抛弃在困难面前放弃教育的态度,抛弃对承担集体责任的抵抗情绪,对于儿童的教育分担社会责任,实现家庭教育、学校教育和其他社会组织教育间的互相协调,增进教育、交流与合作的机会。

（3）连续性、参与性、互动性

教育是要为建立与儿童成长相关的生活情景、时刻、经验以及人生故事之间的连续性确定必要的条件并去实现它们,这里所说的人生故事既包括公共生活,也包括私人生活。具体来说,必须找到一种各种信息媒体共同支持的教育战略,否则,便只能被局限于肤浅的、被曲解的娱乐功能。另外,还要重新思考家庭所扮演的角色和家庭与学校之间的关系:很多时候我们会有这样的感觉,孩子开始上学便意味着家长慢慢地卸下身上的责任。直到今天,我们仍然不太清楚家长在孩子的成长过程中应该表现出怎样的言行举止,他们在学校内部应该发挥什么样的功能。当然,如果说家庭的教育责任是具有中心地位的,那么学校的重要功能也同样应当被认可,它是整个社会教育角色的重要表现形式。这样,学校就能成为关心儿童的各界力量的聚集地,它位于通过互相协助来优化资源和力量的教育体系的中心。

（4）教育辅助

今天,任何从事教育事业的人都无法孤军奋战,而应获得各种社会合作途径和社会合作体系的支持和帮助。我们要遵循的首要原则是将儿童生活的每一方面和所取得的每项经验都看作是潜在的教育可能。要做到这一点,我们必须在具备资质的机构和相关团体组织的活动之间建立起稳固的联系(例如:卫生机构和体育组织,大众传媒运营商,等等)。事实上,这些机构互相既不重叠也不冲突的多样性将会使儿童在针对他们的教育活动中获益匪浅,当然,活动组织中也少不了灵活性、对话和根据环境进行适时调整。因此,我们不应该将儿童看作是一系列互相割裂或互相竞争的服务所要面对的群体,而应该将他们看作是为其个人自主性和社会自主性的成长提供保护、发展、支持和教育机会的网络的受益者。

基于以上前提,我们可以得出更加细致的指导方针:

- 幼儿园是一所"真正的学校",它用适合儿童年龄的形式和语言,完成特定的文化和教育任务。因此,它不是纯辅助性质的机构,也不仅仅是为将来的学校学习做准备的工具:幼儿园教育通过游戏促进学习,让孩子们在不接受正式意义上的严格教学的情况下发展智力。可以说,幼儿园的教学分类方式已久经考验(分班教学、跨班教学、分小组、分大组教学、个人教学),它在任何情况下都是一所学校,它的价值不在于其小学预备教育的功能,而在于懂得在完全独立、同时也与其他教育阶段保持持续性的前提下发展和丰富园内儿童完整的人性。

- 幼儿园里所进行的各种游戏的条件和局限性应当被明确:游戏是一种"教学方法"(例如:以儿童所喜欢的方式传授沉重枯燥的学习内容),或是构成真正意义上的恰当的"教育语言"(即有特殊优势的学习方式)。同样重要的一点是,当一次学习活动的结果表现为"不合宜"的时候,我们需要搞清楚这是由于某种特定的内容或特定的教学方式造成的,还是由于负面环境中的干扰因素造成的。所以,懂得发明有用的游戏以帮助儿童在认知发展方面取得特定的学习成果,和掌握已有游戏的特点是幼儿园教师必须具备的能力之一。

- 间接教学的原则非常重要。在这一原则下,教学行为并不只有在面对面或是"温馨的、能激发学习的环境"的条件下才能开展,而是要强调"空间"、"时间"、"材料"和"社会互动"这些要素。另外,间接教学要求不同教育者共同参与(家庭、学校及其他地方机构),以及根据取得良好学习成果的需要和社会需求来组织教学活动。

综上所述,如果想和谐有效地开展工作,我们需要在教学方法上找到一条前后一致的路线:在"慢节奏"的方式(耐心等待,不为即刻见效而焦虑)和"快节奏"(紧张、快速,急切希望看到成果)的方式之间找到恰当的平衡。

二、经典思想选编

儿童教育①

玛丽亚·蒙台梭利

......成人的环境不是儿童的生活环境,它更像是由重重障碍堆起的高山,孩子们在这些障碍间学会了防御,并改变自己去适应它,在此,他们成为各种建议的受害者。过去,人们正是从这一外部环境出发去研究儿童心理,并总结出儿童的个性特点作为教育的基础。因此,有必要从根本上重新审视儿童心理学。正如我们所看到的,孩子给出的每一个惊人的回答背后都有一个谜题需要解开:他的每一个淘气举动都是内心深层原因的外在表现,我们不能将它简单地理解成一次对不适宜的环境而提出的抗议的叫喊,而应该是其占据主导地位的、本质上希望展现自己个性的表现,仿佛是一场暴风雨、某种困扰阻碍了孩子的灵魂从其隐藏的外壳中释放、向外界展示自我。

很明显,所有这些为了努力生活而用面具遮掩深藏的灵魂、不准展现在人前的行为,所有的淘气、斗争和改变,并不能勾勒出完整的个性。他们只是性格的集中表现。但是,如果那种精神雏形(也就是孩子)的心理活动是一幅具有建设性的图画的话,那么个性应该是真实存在的。存在着一个隐藏的人、一个陌生的孩子、一个需要被解放的受困的生命。

这便是教育面临的第一个紧迫任务,"解放"在这里意为认识,更确切地说,是发现未知。

......儿童的秘密被环境所隐藏。我们应从环境着手,采取行动,解放儿童,让他们能够展示自己:儿童正处于创造和发展的时期,我们只需要为他们打开一扇门。事实上,他们正在为自己创造世界,从不存在到存在、将潜力变为现实、从无到有,而这个过程复杂;如果存在发展的力量,那么任何事物都不能阻碍它表现出来。

---

① 选自玛丽亚·蒙台梭利:《童年的秘密》,米兰:Garzanti 出版社 1962 年版,第 145—147 页。

……这才是真正的新型教育:首先去发现儿童,然后帮助其实现自身的解放。在这种情况下我们便可以解释存在的问题:教育首先要让儿童实现存在,然后经过另一个漫长的过程向成年人的状态过渡;儿童在这一过程中需要我们的帮助。

这两页文字所述的内容把帮助成长中的小生命伸展自我、尽可能将障碍最小化的环境作为基础:这是一种汇聚力量的环境,因为它为这些力量的展现提供了必要的途径。现在,成年人也是环境的一部分:成年人应该去适应儿童的需求,让儿童学会独立,既不在其成长道路上成为障碍,也不会替代他们去完成那些能够帮助其走向成熟的任务。

……我们幼儿园老师的新形象也引起了大家的兴趣和讨论:被动型的老师,他们将自己的主动性和权威性看成是儿童成长中的障碍,因此不去使用它们,而是去促使儿童变得主动;当他们看到儿童独立完成任务,取得进步时,他们会感到由衷的满足。这应该是受到了圣若望洗者的启发吧,他曾经说过:"祂该壮大,我该缩小。"(请参看若望福音 3:30)

静　默①

玛丽亚·蒙台梭利

一天,我抱着一个四个月大的女婴走进教室。我刚刚在庭院里从她母亲的手里接过她。她被紧紧包裹在襁褓中,就像人们经常做的那样:她的小脸蛋胖乎乎、红彤彤的,没有哭闹。这个小生命的安静给我留下了深刻的印象,我也想将这种感觉与我的孩子们分享。"她一点儿声响都不会发出,"我说道,为了开个玩笑,我又补充道:"你们中任何人都没法做到。"令我惊讶的是,孩子们都很全神贯注地看着我,仿佛他们紧紧贴在我的嘴唇下,仔细地听着我说的话。"你们听,她的呼吸多么轻柔,"我接着说道,"谁都不能像她那样呼吸而不发出任何声响。"孩子们都惊讶得一动不动,屏住呼吸。就在那一刻,教室里充满了骇人的寂静:之前听不到的时钟也开始嘀嗒、嘀嗒地响起来。似乎是这个女婴将平时从未出现过的寂静氛围带了

---

① 　选自玛丽亚·蒙台梭利:《童年的秘密》,米兰:Garzanti 出版社 1962 年版,第 167—169 页。

进来。

大家连最细微的动作也不敢做。一种再次感受寂静、制造寂静的想法油然而生。孩子们都愿意帮忙：我不能说他们很激动地想要帮忙，因为激动的情绪带有一丝攻击性的成分，并会表现出来。他们所表现出来的是一种由内心深处的渴望所驱动的回应。不约而同地，孩子们都纹丝不动，甚至控制着自己的呼吸，就这样静静地坐着，像冥想者那样平静、坚定。渐渐地，在一片寂静中也能听到一些轻微的声音：就好像是远处水滴落下的声音和小鸟的啁啾。

就这样，我们的静默练习诞生了。有一天，我突发奇想，决定利用寂静的环境考察一下孩子们的听觉敏锐度：我站在远处用气声呼唤他们的名字。听到名字的孩子必须轻手轻脚地走到我面前，不发出一点儿声音。在四十个孩子中间完成这个考验耐心的练习在我看来是不可能的尝试，因此我带了一些糖果和巧克力来奖励那些走到我面前的孩子。但是，孩子们拒绝了我的糖果，仿佛在说："别破坏了我们的好印象，我们还沉浸在自己的精神愉悦中，别让我们分心！"

在认识到孩子们不但对寂静敏感，还对寂静中的声音很敏感之后，我用几乎察觉不到的声音呼唤他们。他们踮着脚尖、小心翼翼地慢慢走到我面前，生怕碰撞到身旁的物品，他们的脚步轻到我根本就听不见。

之后我发现，每项运动练习中的错误都可以得到控制，就像寂静中的声响会引导孩子们做得更加完美：任何人都可以在外部教育中进行这项练习，而如此精致的行为，仅仅用外部教学是不可能培养出来的。孩子们开始学习在各种物品间走动而不去碰撞它们，学习轻轻地跑动而不发出声音，他们变得警觉、轻盈。现在他们享受自己的进步。他们想要的是发现自己，发掘自身的潜能，在看不见的世界和生活的真实世界里亲身经验。

蒙皮安诺幼儿园①

罗莎·阿加兹

······这是一个大家庭,每位成员都有自己的责任······每个人身上都有任务:他们笑着、唱着,开开心心地来到花园里晾晒衣物,快快乐乐地去阁楼搬运柴火,心满意足地去取水用来洗脸或浇花,高高兴兴地领着比自己小的孩子去衣帽间里找鞋子。

去哪里能找到比这更好的实例来证明这被称为"自由秩序"的教育奇迹呢?在以自由为宗旨、将自由建立在个人责任基础上的环境中,智力扮演着非常积极的角色。对方法与目标,原因与结果进行观察和比较,创造的冲动隐藏在每一件小事中,这样便能促进儿童行为、思考和语言能力的发展。

这便是福罗艾培尔教育理念中的教育方式,在他看来,这一方式在他学科内的不同领域都能被应用和不断丰富。

福罗艾培尔的那些以数学为导向的无穷的练习,虽然是以操作系统为基础,但目标都是用特定的方式促进思维的秩序性;但是,如果没有在实际生活实践中得到即时应用,智力层面的秩序性意义何在?因此,我们最好在实际计划中加上能反映家庭生活行为的练习活动,让儿童养成一系列对他们的生活有所帮助的习惯。

每日洗涤练习(也传授洗涤方法)、学习更换鞋子、冬季来临时的健康准备、洗脚和洗头时习惯使用热水、学习身体轻微不适时照料自己、大量的户外活动、种植花草蔬菜、经常搬运衣物(这是以秩序练习为基础的生活所要求的)、准备食堂就餐、经常清洗和搬运园内陈列物品、轮流帮助料理日常事务、游戏、散步、歌唱、舞蹈、精心准备的点心、分发鱼油(只给那些愿意吃的孩子),这些就是蒙皮安诺地区小小的幼儿群体每日体力生活的丰富内容。在这样的生活中,他们的血肉之躯和大脑都获得了锻炼。

---

① 选自罗莎·阿加兹:"幼儿教育"(1929年12月)。见:巴涅阿拉斯塔·巴拉姆·马里莱娜编:《幼儿园:生活、成长、学习的乐趣》,布雷西亚:帕斯夸利·阿加兹研究所—布雷西亚市政府1996年版,第188—189页。

一个有待探索的环境①

保拉·卡列亚里

……对学校环境进行重新构思。

它是一个可以被探索的环境,满载着学生可能产生的各种好奇心,是一个拥有透明度和体验性、面向儿童和成人的开放的、令人喜爱的关系空间。

它是一个能容纳不同主体与他人一起探索学习的多样性的空间。

它是一个能接纳不同群体、不同语言、不同关系、不同主体的灵活的空间。

它是一个能够让孩子获得物品而不需要成人在其中进行协调的空间。

它是一个能够包容孩子们在自己的探索项目中留下痕迹和可能发生的变化的空间。

它是一个将内部与外部相连的空间,室内和室外都是开展行为、探索、会面、发现和获得惊喜的地方。

……如果用一句话来总结我们的经验的话,那么学校就是一个拥有一百种不同语言的空间……

雷焦·艾米利亚地区市立托儿所和幼儿园的实际经验所拥有的另一特点是,从设立之初,它们就在学校中设置艺术工作室,配备专业的艺术老师。

艺术老师都经过"艺术"培训,因此他们具备与普通教师不同的知识。有了他们的参与,在教育实践中,学校就能超越陈旧的以教师话语为中心的教育概念,改变手工劳作仅仅作为一种娱乐、约束或技艺而存在的状况,引入能够加强表达性语言的知识,这种表达性语言指的是利用口头语言、逻辑语言和身体语言协同合作来进行沟通的语言和对概念进行加工的语言。

---

① 选自保拉·卡列亚里:"雷焦·艾米利亚地区市立幼儿园"。见:凯萨·斯古拉蒂编:《儿童与其学校》,布雷西亚:勒斯果拉出版社 2002 年版,第 114—116 页。

　　另外一个核心价值观和基本实践方式是成人工作的集体协作性,这种集体协作性建立在交流和比较不同观点与知识相互关联的基础之上。作为一个希望保持非信仰和多元性的学校,我们的核心价值是建立在道德伦理基础之上的。学校中的成年人将交流和比较看作一种价值观而不是一种战略,它也成为孩子们人际关系成长的肥沃土壤。我们相信,将来对公民素质的要求是建立在共处与合作,证明自己的知识、能力和观点并互相帮助的能力之上的,而我们的新一代将会获得并发展这些能力。

　　集体性这一核心价值在多种组织形式中得到具体体现:最基础的集体性的核心——交流和比较—是由两名教师共同负责由 26 名学生及其家长组成的团体。而最强有力的协作则是学校(或幼儿园)的工作集体,他们每周都要开例会,这在教师和教学辅助人员的工作时间安排中有相关规定,集体性已经深深植根于相关人员的思想之中。

　　另一个体现集体性的组织是家长会。我们无法在这里详述,但我们必须强调,家庭的参与在我们的教育计划中占据着特有的地位。

　　从交流的价值出发,作为集体性的一部分,产生了进行记录和整理的想法。

　　记录和整理工作由教师和艺术老师共同完成,它使得儿童的成长和学习过程得到清晰地展现,这是教育中最为重要的部分之一,也是学校运营团体使用的最为重要的集体性工具。通过提供和接受这种贡献,有利于所有儿童教育工作者知识的增长。每个儿童的学习或通过群体的互动学习,包括基于成人所设定的条件、战略和方法进行的学习,都对教师的行动以及教师与儿童相处时的行为产生反馈。这是在集体协作范畴内进行的教师的自我学习,是将理论与实践紧密联系起来的。

　　就像对于儿童来说,这里所说的自我学习认为,学校中的每个不同成员,包括教师、艺术老师、教育学家、后勤人员和家长,所拥有的不同知识和职业能力都非常重要。

第三节　当前的实践

一、环境教育和行为教育的非正式性①

1. 如何营造学校建筑

意大利幼儿园的建筑规模不大,一般为一层楼或两层楼,通常班级数量也不多,甚至可以只有一个班,很少会达到十个班。平均每班有 28 名学生(根据规定,每班学生不得超过 28 人,但在同等地位学校,也就是非国立、由公众建立、但符合国家对学校标准要求的学校里,因为经济原因,往往会倾向于增加学生的数量,但也很少会超过 30 人)。幼儿园的建造存在着一种典型建筑形式,尤其是那些 20 世纪六七十年代②建立的学校,之后这种建筑形式几乎被所有的幼儿园效仿,成为一种固有模式。通常,学校被花园包围,花园里有花坛、一些树木、装有固定游戏设施的游戏场地:滑梯、迷宫、充气障碍跑道、迷你旋转木马和转盘等等。花园和教学楼由风雨廊相连,进入建筑内部通常首先到达的是一个公共的大厅,大厅周围是通向各班③教室的大门。班级的划分可以是平行的,即同年龄的孩子被分配在同一个班级,也可以是参差的,即 3~5 岁的孩子被编入同一个班。通常大厅里还有一些专用的活动空间,一般被称作"××角",用于开展特定的教学活动,如"戏剧角"、"泥塑角"、"说话角",等等。不同的班级尽量在同一时间进入这些特定空间活动,这样,不同班级的孩子就能根据自己的爱好或教师的教学计划重新组合,开展活动(这就是"开放式班级"体系)。例如,将不同年龄的学生编入同一班的学校里,不同班级同年龄的孩子便可以在一起进行为他们的特定年龄编排的活动。幼儿园里还有其他的空间可以根据教学计划、经济情况而发挥不同的功能,如果还有空间的话,会设立运动感觉认知系统开发专用教

---

① 本章节由恩里科·毛罗·萨拉蒂所著。

② 这些幼儿园大部分都是根据 1968 年 3 月 18 日颁布的第 444 号法律所建立的。该法律规定,国立幼儿园要强化学校建筑,此外还提出了适应当时历史和经济情况的建筑模式。

③ 在意大利,幼儿园的班级叫做 sezione。

室和各种实验室;在行政办公室附近则有食堂、厨房、厕所和其他服务性空间。

2.内部环境:一个具体案例

"幼儿园建筑由一幢旧楼和一幢新近接建的新楼组成,里面有 5 个教室,其中一个教室带有为幼儿园和托儿所一体化班级的孩子准备的集体宿舍,另外还有一个宽敞的大厅、一个宽敞明亮的体操房、配有厨房的午餐厅(餐厅的菜单是需要得到地方卫生署批准通过的)以及行政办公室。

建筑的外面有配备游戏设施的庭院,这些游戏设施被划分在合适的区域,以保障不同年龄的儿童在玩游戏时的自由和安全。

学校与地方卫生署合作,提供心理教育支持,进行运动感觉认知系统的开发辅导。为居住在莫纳斯蒂尔地区的3~6岁儿童提供校车接送服务。"[1]

3.教师

尽管幼儿园与其他层级学校相比,教师的年龄通常较小,但总体来说,教师的平均年龄呈上升态势,尤其是在那些非国立幼儿园。这一方面是因为年轻教师常常将非国立幼儿园看作开展教学实习的场所,另一方面是因为其数量繁多、星罗棋布。实际上,从全国范围来看,国立学校在各类学校中占大多数,唯独幼儿园是个例外。在 1968/1969 年国家决定建立国立幼儿园之前,幼儿园都是由私人、慈善和宗教机构或地方机构(市级政府)建立的。另外,非国立学校所订立的合同无论是在经济上还是保障上都比国立学校差,因此年轻人很容易就能在非国立学校找到岗位,但只要有机会,他们便会转投报酬更高的国立或市立学校。

4.教师的培养

直到 20 世纪末,大部分进入幼儿园执教的教师[2]只需要获得完成义务教育阶段之后另外三年课程的毕业证书即可。自 1999 年开始,大学设立了四年制"初等教育"专业,由两个两年制阶段组成:第一个两年为公共课程,针对希望进入小学执教的学生;而第二个两年则专门针对幼儿园教育

---

① http://www.scuolainfanziasmassunta.it/scuolamaterna.html,"圣母升天"幼儿园,莫纳斯蒂尔,特莱维索 。

② 幼儿园里的男性教师未计算在内。

的专门化课程。直到今天,获得大学学位的幼儿园教师还是极少数,通常他们经过专业训练,是一些对自己的职业有强烈意识、并不认为自己比其他层级学校的老师要低一个档次的年轻人。在这之前,认为幼儿园老师比其他层级学校老师档次要低的情况是存在的。

不管怎样,幼儿园教师的职业行为还是表现出很强的非正式性特征,不仅体现在他们对待儿童的方式上(孩子们习惯用亲近的方式来对待老师),常常也体现在他们对待家长的方式上。而这一点,有时候会引起一些对角色的误解和混淆,导致一些难题的产生:一些家长觉得自己有权利来干预、评价教师的职业活动,要求教师开展一些特定的活动而不是另外的一些活动。从社会的角度来看,人们对幼儿园教师的理解仍然停留在他们过去的角色当中,即照顾孩子的人都没有很强的专业能力,也未接受过很多教育,只是比较理智和具备实践能力,但与具有崇高地位的经典教师形象还是距离很远。实际上,今天的幼儿园教师的照顾者形象已经大大削弱;相反地,越来越多受过教育、决心成就一番事业的年轻人开始加入到这一队伍中来。

5.学校和家庭

学校和家庭的关系一般都包含着丰富的交流,但有时候会出现由于过于随意的交流方式而引起的不信任、不理解的态度,并导致其中一方介入到另一方的职责领域中去。总体来说,教师和家长之间关系的处理还是正面的,一般双方都会满意。在最近的十年里,幼儿园也会组织与家长的会面和交谈;每所学校都可以自主决定与家长的交流活动,但通常会遵循共同的框架,这里我们以一所托斯卡纳地区的学校为例:

家校关系

M.贝蒂幼儿园,比萨市菲博纳奇一贯制教育机构

每学年学校都要定期与家长会面,具体的形式为:全体大会/集体见面会。

1.学年伊始

(1)与新注册学生的家长会面

● 介绍学校,熟悉学校环境、组织结构和教学活动……

- 就接纳儿童并将其融入集体的方式方法进行讨论和规划

（2）与所有学生家长会面，介绍该学年的教学计划，听取建议。

2. 学年末尾

与所有学生家长一起评价已开展的教育活动，讨论遇到的困难。

3. 班级大会/见面会

此类会议在需要更改教学计划时根据家长或教师的要求举行。

4. 个别谈话

- 学年伊始与新生家长谈话，填写关于学生"个人简历"的问卷。

- 学年内进行两次谈话（1月/2月，5月/6月），基于实际经验，对教学活动的进展和每个学生的能力发展进行评价。

5. 跨班会议

跨班会议每年举行三次，由家长代表出席，会议内容为：

- 综合评价教学活动的进展和实效；

- 对教学活动和实验活动提出新建议。

6. 私立学校、公立学校、同等地位学校

正如我们之前所说，意大利幼儿园就其设立方来看存在着多样性，其中很大一部分并不属于国家，而是由一些机构和组织所设立，且宗教组织居多；在一些地区，尤其是北部，还有很多由市级行政机构或公共辅助机构（例如：IPAB——公共辅助和福利所）建立的学校；另外，还有一些私立学校，或由家长合作设立和由一些捐助人或私人机构设立的学校。在20世纪60年代末，国家决定成立国立幼儿园来使整个教育过程变得更加完整，特别是在一些缺乏幼儿园的地区，但国立幼儿园的分布却相当不均衡。

举例来说，在米兰（该市历来都是教育服务领域的领军城市），国立幼儿园的数量不会超过十来所；而与其相对的是大约90所由私立性质的机构和组织设立的公共学校，属于"同等地位学校"；再加上完全属于私立性

质的学校,及 170 多所市立学校。

其他地区的情况则不同,尤其在意大利南部,国立学校的数量要更多些。

根据学校建立年代的不同,学校的建筑也有着不小的差异。例如,由宗教团体设立的学校(通常是女性宗教团体)建筑往往比较坚实笨重,有些已有百年历史;有时幼儿园只占据建筑的一部分,而其他部分则被小学、初级中学和高级中学所占据。通常,建筑内部是按照儿童的需求和教育构想来安排的,为原本并不十分适合学生、尤其是低龄学生的庄重的旧建筑增添更多的空气和色彩。但是建筑原本的结构——狭窄的楼梯和走廊——确实给学校带来了一些难题。相比起来,由公共行政机构①建立的较新的学校设施则更适合学生,也更具功能性,虽然有时候我们也会看到在 20 世纪七八十年代建造这些学校时留下的匆忙的痕迹。

7.纵向连续性的衔接:一贯制教育机构和幼儿园的基础教育、非义务教育的定位

非国立幼儿园可以成立一个独立机构,尽管其规模可能很小;也可以附属于一个由不同层级学校组成的完整机构,这一机构可以是幼儿园、小学、初级中学和高级中学的各种不同组合。

国立幼儿园则总是从属于一个更大规模的教育机构,其中包括小学,很多情况下也包括初级中学。②

从学校建筑的角度来看,学校的法人性质并没有被特别强调:一贯制教育机构里的幼儿园也可以位于独立的建筑中,如果该机构总部的地理位置过于遥远的话;但是,非国立幼儿园,尤其是那些属于教区的幼儿园,通常与宗教团体的其他设施共享一座建筑(这一建筑里还有青少年活动室、图书馆、宗教人员的住所,等等)。大部分学校都有自己的大楼,但也有很多学校会与其他学校共享一栋大楼。

幼儿园的法人定位(有时候也是自然人地位)在学生年龄较大的学校背景下,容易给人一种预备学校的概念,即作为小学的预备而存在。

---

① 注意:国立学校所在的建筑也属于市级行政机构。

② 这样的学校结构被称作"一贯制教育机构",而前者则被称为"教育集团"。

这种想法普遍存在。事实上,幼儿园是儿童进入的第一所真正的学校。2000年的教育改革则进一步促进了幼儿园是预备学校的概念。该次改革将小学和初级中学阶段划为"第一教育周期",却未将幼儿园纳入其中。另外,小学和初级中学属于义务教育,而幼儿园不是。实际上,无论是从教育方案的制订还是教师的感受出发,几十年来幼儿园都被认为是"基础教育学校"的一部分,是意大利公民文化学习最根本的教育体系中的一部分。在此观点下,尽管幼儿园从一定程度上来讲具有为之后的学校教育做准备的功能,但它的主要功能还是在帮助儿童获得身心和文化方面的成长:正如蒙台梭利女士所说的那样:幼儿园是"儿童之家",在这里,孩子们向着自己所属文明的主流文化慢慢靠拢。一个世纪之后,整个国家都深刻认识到了这一点,但是种种阻力和不理解的情绪依然存在。

8. 学校的计划、课程表和教学日历

意大利学校里的教师在计划和组织教学方面有着很大的自主权。《国家指导方针》①并没有写得很详细,更多的是希望激励教师的行动而不是严格地命令他们。事实上,课程表和教学日历很大程度上是由各个学校的行政部门确定的。但是,并不是所有的教师和校领导都知道如何很好地利用这种自由。在幼儿园里,这种自主权得到了更好的体现,因为幼儿园教师不受教学成果的束缚(幼儿园的前身是为幼儿提供辅助的托儿机构,因此家庭一般不太看重孩子认知水平发展的成果,而更看重幼儿园提供的社会化和照料功能):这便为创造性和自发性提供了很大的空间,尽管会有因为同一些家庭的需求而出现重复以及组织模式的反复。

表1.1是一个教育集团②在其网站上公布的关于幼儿园的信息。

① 是国家颁布、现在已经生效的一类计划。它规定了教学活动的目标和指导原则,但没有涉及细节。这一指导方针希望能成为教学的灵感来源,而不是一种强制的束缚。
② 包含多个小学、幼儿园和其它级别学校的机构;关于第二教育周期的例子请见巴勒莫省(西西里)密西梅里市:http://62.77.63.181/isn_secondocircolomisilmeri_it/default.aspx

表 1.1　幼儿园标准日时间表

1. 短课时模式

时间	活动	地点
8:00—9:00	入园	教室
9:00—9:30	祈祷/交谈	教室
9:30—10:45	教学活动	教室
10:45—11:00	自由游戏,娱乐时间	跨班级公共空间
11:00—12:45	午餐	教室
12:45—13:00	游戏,离园准备	教室

2. 全日制课时模式

时间	活动	地点
8:00—9:00	入园	教室
9:00—9:30	自由游戏,自发活动	教室
9:30—9:45	祈祷/问候	跨班级公共空间
9:45—10:00	交谈	教室
10:00—11:00	教学活动	教室
11:00—11:15	自由游戏,娱乐时间	跨班级公共空间
11:15—12:15	开放式班级教学活动	跨班级公共空间
12:15—14:15	午餐、娱乐时间、个人游戏、休息(低龄幼儿)	餐厅、庭院、跨班级公共空间
14:15—15:30	教学活动/教师指导游戏	教室
15:30—16:00	自由活动时间,离园准备	教室
16:00—16:30	离园,个人活动	教室,跨班级公共空间

　　我们可以看到,学校的日程安排各不相同:在有些学校,孩子们呆到 16 点甚至更晚,另一些则只是在上午。全日制模式是最普遍的,不仅仅被国立幼儿园采用,也被大部分其他性质的幼儿园采用。另外,幼儿园也会经常安排早托班和晚托班,特别是在工业区。早托班和晚托班的时长通常是一到一个半小时,为那些因为工作原因而不能按时接送孩子的家长提供照看孩子的服务。一些幼儿园,尤其是教会办的幼儿园,会为需要服务的孩子提供更长时间的照料。最后,我们要提一下较高的校车普及度,尤其是在学生居住地比较分散的地方,例如乡村或山区。为了使我们的介绍更为完整,在此附上前文所提及的比萨幼儿园向学生家庭介绍其教学组织和教学活动目标的文案。

　　幼儿园是学习和社会化的场所,儿童们在这里发展与现实世界互动的能力,并且建立自主性。

(1)每日时间安排

周一至周五,8:00—16:00,每周总共 40 课时。

(2)目标

学校目标是致力于促进学生:

- 个性的成熟。

- 自主性的获得。

- 能力的发展。

(3)教育过程通过活动实现

- 课堂活动(在跨年龄小组中进行)。

- 实验室活动(在同年龄小组中进行)。

及旨在开发以下能力的教学活动:

- 使用及理解语言,包括口头及非口头信息。

- 通过探索、认识和规划,接触简单的科学概念。

(4)活动形式

- 运动和运动感觉认知。

- 戏剧/舞台剧。

- 图形/绘画/泥塑。

- 音乐。

(5)教学计划(聚焦于体验①)

- 自我和他人:我的故事? / 人人都相同,人人都不同。

- 身体、运动、健康—节奏:声音与运动/就餐教育。

- 信息的理解和输出:成长舞台剧/ 言语的魔力/ 编童话/ 图书馆:给
  朋友的一本书。

- 探索、认识与规划:实验与发现/ 游戏与推理:数学初探/ 环境特使/
  大家一起来"。

现在以密西梅里第二教育集团的一份文件作为总结:

---

① 　根据教育部的指导方针,这是幼儿园组织教学活动必须遵循的框架。

幼儿园班级划分标准

1.优先权

①确认入园学生；

②该自然年内年满5周岁的儿童；

③该学年内年满5周岁的儿童；

④残疾儿童；

⑤未成年人法庭指定的儿童；

⑥社会服务机构指定的儿童；

⑦双职工家庭儿童。

2.班级划分方式

班级以年龄作为划分标准,同年龄的儿童编入同一班。根据规定,每班的残疾儿童数量不得多于一名。划分班级时要考虑到性别、年龄和(或)明显的/被指出的特殊不便情况在数量上的均衡性。

家庭可以选择上课时间(半日制或全日制)和上课学校①(即提供了两个选项);这些选择也要考虑到前面所提到的标准和优先权,还有学校可接纳学生人数的限制。

在满足了所有标准和优先群体的要求后,班级的最终划分由抽签决定。

二、幼儿园里的一天

幼儿园教育目标的达成需要通过日常活动中成熟的规划来实现。幼儿园在这一规划的指导下开展精确而灵活的教学活动,这些活动的仪式性/重复性以非正式的形式对课程设置进行了重要的补充。事实上,这些

---

① 这里的上课学校指的是一座独立的学校建筑,但它从属于一个教学机构(例如:G.波南诺幼儿园是密西梅里第二教育集团中的一所学校)。

活动对于儿童能力和知识的获得发挥着很大的作用,同时也能强化儿童的安全感、规则的内化、关系的建立、家庭生活和学校生活的联系、温和与合作氛围的建立、行动与思考(反思、预见、决定)的协同性。也就是说,幼儿园教育行为的目的是在促进学习的同时,培养儿童照顾自己的能力。

　　为了具体地说明幼儿园内开展的活动,我们以两份记录幼儿园典型一日的资料为例:

- 米兰郊区巴西里奥居民区东方幼儿园①的照片资料(见图 1.1)②和《埃尔米尼亚的观察记录》。

图 1.1　巴西里奥东方幼儿园(米兰)

- 皮奥特罗镇(米兰)安东尼奥・高拉同等地位幼儿园(见图 1.2)。安杰利卡老师撰写的《安杰利卡老师日记》③中的皮奥特罗镇是一个拥有 3.1 万居民的大型城镇。

图 1.2　皮奥特罗镇安东尼奥・高拉同等地位幼儿园(米兰)

---

① 多梅尼科・亚科皮诺摄。出于隐私保护,所有照片中的学生面部均被隐去。
② 感谢学校的教师和校长格拉齐耶拉・博内洛女士给予的帮助与合作。
③ 安杰利卡・罗・苏尔多。

1. 埃尔米尼亚在巴西里奥的观察记录①

(1)入园与欢迎

入园与欢迎的时刻无论是对于刚上幼儿园的孩子还是那些大孩子来说都是一个很微妙的时间段。每天早上大家都带着自己的故事、愉悦和疲惫来到幼儿园,同时还会为必须离家八小时而忧心忡忡。因此,在处理这一时间段的时候,教师在幼儿园入口按照孩子的情况为他们布置一个温馨的空间。墙边立着小衣柜,里面有写着标签的衣架和鞋架,孩子们慢慢地学会独立使用它们。卡片、图画、叙述幼儿园孩子们每天日常生活和特殊活动的照片都被贴在墙上或悬挂在天花板上。

孩子们由家长陪伴来到幼儿园,脱下衣服,将外套或大衣挂好,穿上幼儿园园服;将鞋子脱掉,换上更舒适的鞋。

在成年人的陪伴下,孩子走过宽敞明亮的走廊,来到教室,老师在门口迎接,先到的孩子们已经开始在教室里配有简单设施的不同角落玩起各种游戏(见图1.3)。在问候和简单的交谈之后,孩子会选择一个游戏角加入游戏,等待小伙伴全部到齐。

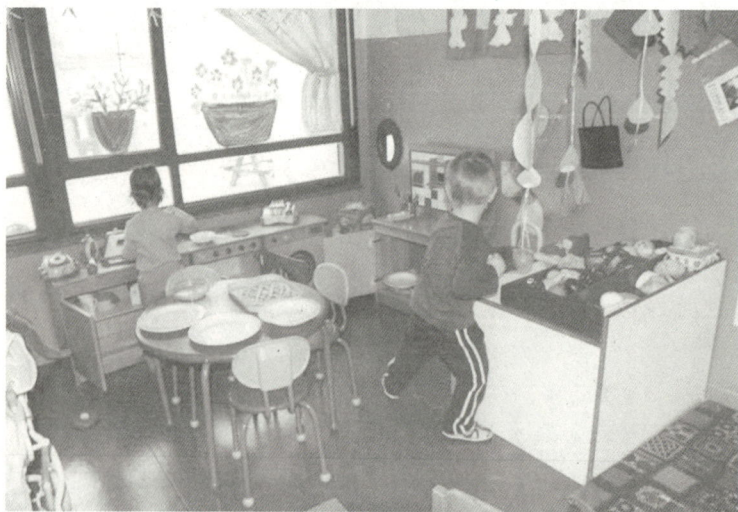

图 1.3　先到的孩子们已经开始在教室里配有简单设施的不同角落玩起各种游戏

---

① 埃尔米尼亚·保莱蒂,米兰圣心天主教大学教师、实习导师。

（2）班级生活

班级生活是社会化学习和认知发展的重要场合。当所有孩子都到齐之后，他们还会一起玩大约半个小时，这样他们的一天就从自己选择的活动开始（见图1.4）。同时，老师会清点人数，为一天将要进行的活动做最后的准备。

图1.4　他们的一天就从自己选择的活动开始

a. 例行活动——围圈时光

老师请大家将玩具整理好，让所有孩子都来到铺着软垫的角落坐下，开始奇妙的围圈时光。这是班级生活中一个非常重要的时间段：孩子们互相问候、交谈、思考、交换想法和观点，当然，也讲些笑话，为什么不呢？共同的话题可以由孩子们提出，也可以由扮演引导角色的老师提出。在这个时候，与个体或群体经验相关的特殊需求和兴趣就会显现出来，而这些正是教师们在共同规划班级活动和环境时所需要的。

围圈活动的形式也可以在不同的目标情境下使用，例如：读故事、由老师引导的讨论、口头讲述自己的经历。

b. 例行活动——出勤表、历史上的日子与天气

在铺着软布的角落，孩子们还要进行一项日常生活中非常重要的活动：完成出勤和时间日历。

孩子们轮流拿着装有班里所有小朋友名字卡片的盒子，坐在同学们面

前,每次抽出一张卡片后,要展示给大家看,以便每个人都能够认出卡片上自己的名字(这种方式适用于 5 岁儿童,3 岁儿童使用的是本人照片,4 岁儿童则是用写有名字的自画像(见图 1.5)。

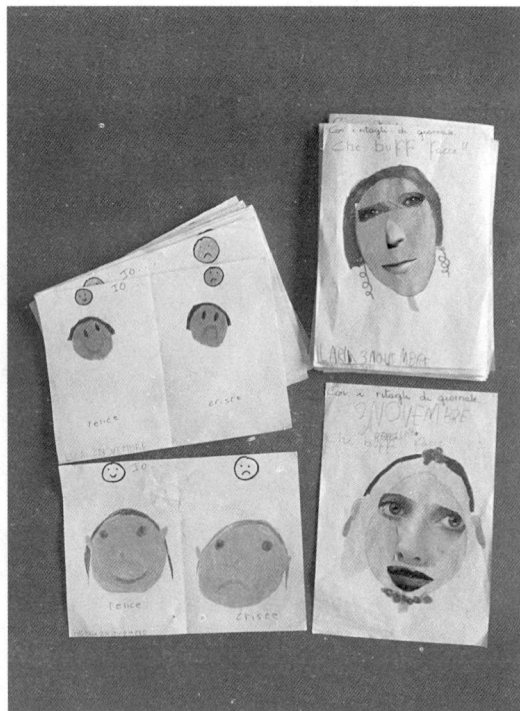

图 1.5   4 岁儿童则是用写有名字的自画像

在友好、融洽与合作的氛围下,每个人都耐心地等待着辨认自己的名字,然后将卡片贴在被固定在墙上的出勤板上(今天谁来了?),出勤板上贴有胶带,从左至右成行排列。一旦一行被贴满,下一位便从下一行开始从左至右粘贴,就像在一本巨大的划有横线的作业本上写字一样。

这一活动的意义不仅在于语言能力的开发,也就是用寓教于乐的方式走近并熟悉阅读和书写,还在于对数学—逻辑能力的培养。孩子们会接触到数字,开始认识最基本的抽象符号形式:今天有几个人?有多少人没有来?在卡片的帮助下,孩子们一起清点人数,数一数出勤的小朋友究竟有多少,并交流结果;同样的方法也被使用在清点缺席人数上,孩子们一起找出缺勤的小朋友,确定最终的数据结果。

之后,大家便一起学习历史上的日子和天气:这天是星期几?是哪个月份？是哪个季节？是哪一年？今天天气怎么样？为了完成这一任务，孩子们要轮流走到张贴在出勤板旁边的时间轮盘①边，在老师的帮助下将指针指向正确的日、周、月等，或者选择表示天气的正确图片。之后，大家一起大声重复日期，并由老师将日期用大写字母写在黑板上，例如：2010 年 12 月 16 日，星期四。最后，大家一起"朗读"该日期，将 12 月这个单词划分音节，并由手势来表示音节的节律（中间击掌、左上方击掌、右上方击掌）。

（3）活动

• 教学活动

上午 10 点，教学活动在教室和实验室内开展。

通常，老师会根据教学目标在活动一开始给出一个具体的经验，然后提议使用不同的语言来对该经验进行逐步的构建、系统化、阐述和文化定型。有时候这一准备工作也需要学生的参与，收集学生的想法和感受，并通过项目的实施来检验这些想法和感受，以便明确教学活动的目标，需要做些什么，以及有哪些需要做的准备工作。

在活动过程中，老师会将学生的作品、张贴画、活动照片和相册悬挂在沿着墙壁垂下的绳子上或者放置在外面的布告栏中。

之后，老师还要和孩子们一起将完成的作品收集起来，放在有锁扣的容器或较大的纸质档案袋中。

那些组织性并不是很强、由孩子们自主地在配备必需材料和工具的空间内开展的活动也像其他活动一样，遵循着幼儿园的教育目标。

下面是幼儿园开展的一项教学活动的详细资料②：*我们与形状*

老师给学生展示艺术品"黑暗中"，目的是帮助学生学习读图，巩固上一学年中开始涉及的对形状的认识。

老师在电脑和投影仪上放映该作品（见图 1.6），并提出一些问题：

• 大家看到了什么？学生们自由回答，老师按从上到下或从前景到背

---

① 　日历或时间轮盘，是木制的教辅器材，也可以由老师和学生合作完成，通常由一块板加上表示年、季节、月、日和星期的卡片构成。卡片上的字母都是大写印刷字体，在有可能的情况下还会伴有图片——例如：季节、月份和星期；这些卡片被放置在小盒子里，由指派的一名或多名学生轮流摆放在日历上。

② 　一些活动也在下午开展，特别是在由 4～5 岁儿童组成的班级中。

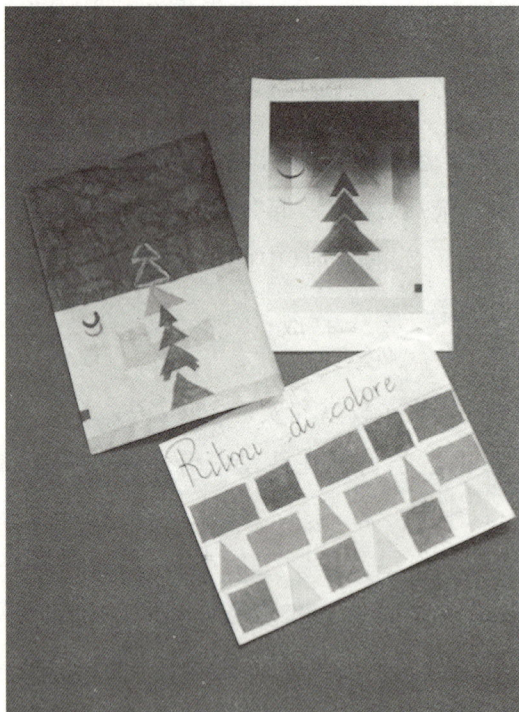

图 1.6　老师在电脑和投影仪上放映该作品

景的顺序进行复述,使用贴切的词汇和空间词汇。之后,老师继续提问,引导学生更加仔细地观察。

- 颜色。画中使用了哪些颜色?哪些颜色用得多?哪些颜色用得少?
- 光影。哪些部分亮?哪些部分暗?这部分比较亮还是比较暗?
- 形状。这些形状有名称吗?它们叫什么?它们像什么?看到这些形状大家想到了什么?

然后,老师用简单的语言解释作品的含义,介绍作者,并用投影仪展示作者的肖像。

接着,老师向学生提出:

- 画出作品并用彩笔涂上颜色;
- 使用不同形状、不同颜色的积木实现颜色的更替;
- 在事先准备好的表格上根据颜色找出规律,涂上合适的颜色。

在交谈中,孩子们不经意地将浅色与欢乐,深色与悲伤联系起来;有人提出用水彩和画笔来玩颜色游戏;所有人都能自由选择欢乐或悲伤的颜色。

于是,老师计划就情感主题作进一步的深入讨论,帮助孩子表达自己的情感,将注意力集中到面部表情上。

这样,一轮新的对话开始了。这是其中的一些片断:

老师:大家记不记得,我们听音乐的时候我们说过,我们感觉到······

D:我感觉很好,音乐很动听。

P:我感到快乐、幸福,我喜欢那音乐,它让我开心。

C:我也是,我很快乐,我想跳舞。

老师:那什么是快乐? 快乐是什么意思?

C:是让我们笑的东西。

M:就好像玛丽·波品斯的叔叔,他很快乐,坐着椅子飞到天花板上

G:我觉得很烦!

老师:怎么啦? 什么意思?

C:他不喜欢这个。

I:也许他想去玩耍。

老师:好吧,一会儿我们就去玩,但在结束之前,我们试着想一想,当一个人感到厌烦的时候,我们可以怎么说?

A:无聊。

老师:意思是?

M:他感到无聊!

A:对了!

老师:好,今天我们说到了快乐、幸福、厌烦。那如果我们有其他的感受和情绪时该怎么表达呢?

Y:感到悲伤。

M:会哭。

之后,孩子们:

- 在镜子前观察自己，指认脸部的不同部位；一起学习和重复不认识的部位的名称（例如：颧骨，等等），注意发音的准确性，试着用脸部表情来模仿悲伤、欢乐、愤怒、害怕等情绪。
- 进行照镜子游戏：面对面站立，第一个人用面部表情来模仿一种情绪，第二个人模仿第一个人，然后交换角色。
- 在杂志上搜集悲伤、欢乐、微笑、害怕和愤怒的面容。
- 画下两张完整的脸，一张快乐，一张悲伤。

活动结束后，孩子们整理物品，来到学校的中央大厅。在那里，他们可以自由活动，跑动、跳跃、在配备设施的区域里玩耍。

在三个班级同时使用的大厅里，中央的空间是自由活动和跑跳空间，孩子们要注意在活动时不要弄伤自己。同时，鼓励学生优先参加一些在特定区域内开展的有组织的游戏，如：烹饪角、市场、过家家、农场、大型积木和拼图游戏区。

图 1.7　午餐是幼儿园生活的一个特殊时刻

（4）午餐

每日活动。午餐是幼儿园生活的一个特殊时刻（见图 1.7）：不仅是吃饭时间，还是分享、认识和合作时间。孩子们轻声地和同伴交谈，也可以参与到由老师根据共同的兴趣组织的集体谈话中。每天有两个孩子轮到做服务员，他们负责送面包、送水果、倒水。这也是学校与家庭合作，进行就餐教育的良好机会：除了就饭菜进行讨论，老师还会鼓励不肯吃饭的孩子至少尝一尝他们不认识、也通常是不喜欢的饭菜。

（5）在大厅和花园里进行的游戏

从 12:45—14:00，孩子们都会在大厅和花园里玩耍（见图 1.8）。这也是大家一起唱歌、念儿歌，享受集体生活的时刻，以便在运动类活动和秩序性的活动（即排队走进教室）之间建立较为顺畅的连接。在开始下午的活动之前要进行每日的个人卫生工作。

图 1.8 孩子们都会在大厅和花园里玩耍

（6）休息

每日活动。13:45 左右，低龄幼儿进入午间休息室休息（见图 1.9）。这时候，老师要对他们进行悉心的照料：当所有人都躺下、盖好被子后，老师会念首儿歌或唱首小调伴他们入睡，并播放柔和的背景音乐。

（7）班级活动

下午的活动以安静的活动为主，例如游戏和桌上积木、拼图、抽彩①、

---

① 一种抽取数字和图片的游戏。

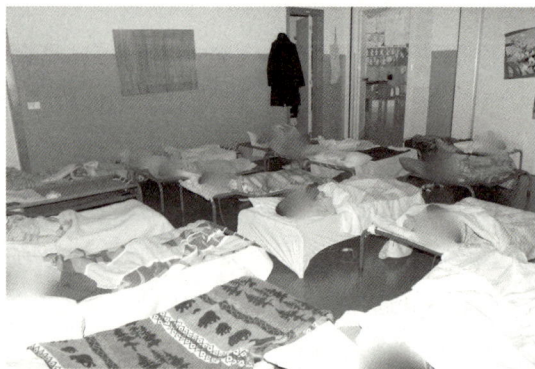

图 1.9　低龄幼儿进入午间休息室休息

在磁力板上进行的活动(见图 1.10)、串项链、自由绘画、用塑料模具①绘画、涂色、阅读。有时也会继续上午未完成的活动。由于运动场地的轮流使用,有些班级的运动会在下午开展。

在 5 岁儿童的班级里,还会开展构图准备、阅读准备、写作准备和计算准备②活动,通常以使用最初级的象征性符号来表达生活经历的方式进行。

运动活动——障碍跑道

运动活动至少每周开展一次,在专用的场地内进行。该场地内配备的材料和辅助设施有:不同形状、大小、颜色的靠垫;大小床垫;绳、棒、环、柱、球、帘;安置在墙上的镜子。

这些材料适用于不同的活动和活动方式。首先孩子们围坐在一起,听指挥者(老师或专业人员)介绍活动内容和需要遵守的基本规则。然后便开始活动的主体部分,例如:

• 障碍跑道;

• 节奏活动。

活动结束时孩子们围坐在一起,从不同的角度说出自己的体验。

• 认知:我们做了什么? 我们一起想想遇到的困难? 我们应该怎么克

---

①　中间有动物和物品轮廓的塑料板,孩子们在它们的帮助下,可以容易地画出不同的轮廓。

②　学习语言和数学的预备性活动。

图 1.10 下午的活动以安静的活动为主

服？我们是怎么克服的？哪些事很容易做到,哪些很难?

- 关系:和小伙伴一起完成任务的时候我感觉怎样？我们成功了吗?
- 满意度:我喜欢这种活动吗？我不喜欢,为什么?

(8)离园

幼儿园的一天接近尾声,这时候的孩子们都很累,但通常都很高兴,他们在班级的桌子边或铺着软垫的地上坐着,迫不及待地等待爸爸、妈妈、爷爷、奶奶或者其他来接他们的人(见图 1.11)。

这是告别和与家长进行交流的时刻。

一天结束了,所有人都慢慢地离开学校。

2. 安杰利卡在比奥岱罗的日记①

(1)入园和欢迎

早晨,当我走近学校所在的广场时,我便听见了孩子们的声音。他们由妈妈、爸爸、爷爷、奶奶陪伴,大声呼喊着我的名字。走进学校,早托班的

---

① 安杰利卡·罗·苏朵。

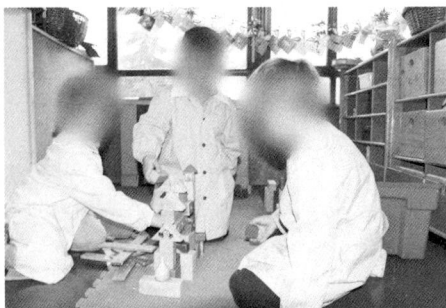

图 1.11　等待家长来接的孩子们

孩子们迎面而来（早托班是专为一大清早就要上班的家长提供的服务），他们正焦急地等待着进教室。

我的一天就这样开始了：一个微笑，一句问候，一个拥抱。

这是我最喜欢的时刻：迎接孩子们的到来。我站在门边，张开双臂迎接我的孩子们。每一天，他们都有新的东西要给我看：一本书，一件玩具，一个洋娃娃。

如果当时我正在和某位家长说话，孩子们就会在门口等候，直到我问候他们、拥抱他们或是发现了他们带来的新东西之后，他们才会进入教室！

在迎接的这段时间里（8:45—9:45），孩子们在教室里玩耍、画画、翻阅图画书的彩页。有人笑，也有人哭，但只需要一个简单的抚慰或拥抱，他们便会擦干眼泪，露出微笑。

（2）班级生活

铃声响起。家长跟孩子告别，离开幼儿园。校门关上，一天的活动就开始了。

每班都以动物的名字命名，我班是"企鹅班"。

我的孩子们都为自己是"企鹅班"的成员而骄傲。他们在各个角落画上企鹅，给我带来企鹅毛绒玩具，叫我企鹅女王。（甚至把我画成头戴王冠的形象！）我微笑并开心地拥抱他们，因为这些表现意味着他们懂得我们是一个大家庭，是一起学习、互相关心、和谐共处的好朋友。

我们幼儿园的班级是由年龄不同的孩子组成的：3、4、5 岁（分别属于低龄、中龄和大龄幼儿），每班 28 人，配备 1 名老师。

每天在点名之后，我们一起祈祷歌唱（我弹吉他！），然后一起完成每周日历。

我们的日历挂在墙上。一周的每一天都配有一幅图片和一首儿歌,帮助孩子们记住一周的日子并且认出它们。日历上还有数字和一年的十二个月份:每个月份旁边也配有图片和儿歌。孩子们很喜欢做日历这个环节,有时候我会忘记这件事,反而是孩子们来主动提醒我!

这时候,5 岁的孩子陪着最小的孩子去上厕所,帮助他们一天天"长大"。

我们的厕所是按照儿童的尺寸建造的,一边是男厕,一边是女厕。

5 岁大的孩子都非常喜欢这一时刻,因为此刻他们感受到自己身上的责任。3 岁大的小朋友也十分愿意信任他们的大哥哥大姐姐,并时时刻刻地在模仿他们。

当他们回到教室之后,我便会介绍当天的活动。孩子们被按照年龄(3、4、5 岁)分成几组,每组会被分配到按他们年龄而制定的任务。

每一项活动都遵循学年教学计划。实际上,尽管老师会自由选择要使用的材料和工具,但还是会按照他们互相协调好的共同计划开展活动。

(3)活动

幼儿园可以开展的活动多种多样:大部分是与颜色(孩子们十分喜欢)和绘画联系在一起的。

图形—绘画活动是最常见的:对于这个年龄段的儿童来说尤为重要(他们还不会读和写),可以帮助他们表达自己的情感和感受。通过涂画,孩子们可以表达他们当时的感觉(不适、极大的快乐、害怕),老师通过孩子自由的涂画作品可以帮助孩子勇敢、平静地面对困难。

颜色的选择也有特别的心理含义,它与儿童当时的情感和感受紧密相关。

涂画可以是"自由创作",也可以是"引导创作"。在 3 岁儿童的课程中,孩子们学习涂色(用蜡笔、水彩笔和彩色铅笔)和画下完整的人像。

另外,许多活动都是用来发展和激发创造性、幻想和想象的。事实上,我们不能忘记,幼儿园的孩子们充满了好奇心,他们需要对周遭具体的现实进行发现、探索、实验,只有通过直接的经验,他们才能学到东西。

"游戏"是一项基本活动,它让孩子们能直接融入到将会体验到的生活中去。如果活动足够有趣的话,孩子们会很兴奋,通常会欢呼起来!

另外,让孩子们以主人公的身份参与到活动中去也是非常重要的,他们会尝试着做些什么(独自或在老师的帮助下)来让自己感到开心、去认识、去学习!

和简单的涂画活动一样,让孩子自由使用颜料和画笔进行的绘画活动也是幼儿园最为重要、参与度最高的活动之一。活动使用稀释过的颜料,在优质画笔的配合下能为大面积的表面快速上色。孩子们喜欢绘画,觉得这项活动轻松有趣。

事实上,"小企鹅"们很喜欢玩颜料。每当他们将两种颜色混合在一起创造出新颜色的时候,他们便会表现得很惊讶。对于他们来说,这简直是一种魔法! 比如,用一点红色和黄色混合就能得到橙色,在蓝色里加入一点白色就能得到天蓝色!

当然,这些颜色游戏并不是所有的孩子都能在家里尝试的,一方面因为家庭空间有限,另一方面也因为颜料很容易弄脏房间。

除了绘画活动,幼儿园里还有手工活动,孩子们用柔软的材料(比如橡皮泥或 DAS①)在手里揉捏,创造出不同类型的物品。"小企鹅"们和老师都非常喜欢这项活动,在小朋友生日的时候,老师会用 didò 彩泥(一种彩色的材料,与橡皮泥类似,但更为柔软)制作蛋糕和小点心。

这项活动可以激发想象力,儿童在用面团进行塑造的时候,试着重现现实中存在的物品(这些物品他们在每天的生活中都会看到和使用),但同时,他们还会创造出想象中的物件。孩子们在选择颜色后便会决定要做什么东西(一颗心、一个蛋糕、一条蛇),而那些年龄较小、困难较大的孩子则可以选择一些模具,这些模具可以帮助他们操作面团,做出能被认出的物品。

使用"回收物资"(比如:布料、瓶盖、玉米粉、面团、吸管、棉花)装饰图画(而不是上色)或者描绘人物也很有意思。例如,做雪人的时候可以使用两张棉片(妈妈用来卸妆的那种),一片布做围巾,一根牙签做扫帚,用纽扣

---

① DAS 是一种用于塑型的合成膏状物的商业名称,和白垩土类似,但不需要放置在炉子里硬化成型。这种材料以发明者达里奥·萨拉的名字命名,1962 年获得专利。

就能做眼睛。只要下一点功夫就能为想象和创造提供空间。

与在教室里进行的活动同步,在其他环境里(大厅或实验室)也会开展其他类型的活动,比如运动感觉认知系统开发活动和实验。

运动感觉认知系统开发活动每周开展一次:孩子们由专业人员引导,在适合不同年龄的运动场地内使用体育设施和球类。

在实验室里(由老师指导),孩子们被分成小组,由成年人引导着去发现新的语言,例如英语和计算机语言(通过游戏或者引导者的介绍);或者,变身为"小厨师",做出可口的菜肴。

年龄最小的孩子会被安排在铺有软垫的场地上,坐着听有关日常生活的故事(淘气孩子的故事,害怕妖怪的孩子的故事,或不吃蔬菜的孩子的故事),一边做手势,一边学唱小曲、学念儿歌。

(4)午餐

真正意义上的教学活动结束之后,就是个人卫生和午餐的时间。老师陪伴孩子来到厕所,利用这个机会向他们讲解饭前洗手的重要性。一切准备就绪后,大家便来到餐厅,拿上自己的围嘴,各自按区就座。铃声响起,所有人都面向老师,一起祈祷:感谢上帝赐予每日餐桌上的食物并记得那些不像我们这样幸运的人们。

餐厅的面积比较大,可以容纳所有的六个班。桌椅是蓝色的(适合孩子的尺寸),杯子是彩色塑料制的,盘子是瓷制的,孩子们用的餐具(叉和匙)是不锈钢的。餐厅的墙上画着一些小矮人,它们正在树林中为准备午餐而忙碌着!

吃饭时间是欢聚的时刻,也是教育的时间:孩子们学习如何端坐,不玩餐具,在没有尝过食物之前不说"不"。老师在一旁巡视,提供服务。孩子们学习请求帮助和表达感谢。

(5)大厅与花园里的游戏

午餐过后便是在大厅与花园里自由玩耍的时间(在花园里的活动由季节决定)。将近13:30的时候,3岁大的孩子们在成人的陪伴下上厕所,然后去午睡室午休。

(6)休息

在进入午睡室之前,孩子们会来到自己的小衣柜前(小衣柜的窗口贴有孩子的照片),取出陪伴他们睡觉的毛绒玩具、洋娃娃或奶嘴。等待他们的是罗瑞达娜修女,她负责照料他们,帮助他们脱鞋,为他们盖上被子。

在这个时候,娱乐时间也结束了,大一点的孩子们来到厕所做个人卫生,(同时也喝点水!)然后进入教室开始教学活动。

(7)班级活动

下午通常会安排一些安静的活动,比如说"穿孔器"的使用。这是一种适合儿童使用的针,用起来就像用笔一样,用来打出不同形状的轮廓(或戳出一排连续的小孔)。这是一份十分细致的工作,是使用剪刀之外的另一种选择,孩子们也很喜欢。

我们"小企鹅"有时候会在下午一起读一本书、学习系鞋带、解开袍子上的扣子再系上它们。孩子们玩得很开心,也愿意学,因为在家里妈妈没有时间教他们这些很琐碎却很有用的能力。

下午我们还喜欢一起剪剪贴贴,玩拼图游戏或记忆游戏①。有时候,5岁大的孩子们根据"操作手册"的要求学习,这是一本适合他们年龄,包含了为小学做准备的练习和活动的书。

到了点心时间:孩子们轮流为同学分发餐巾,我则叫他们前来领取水果。

我喜欢发挥想象:所以,有时候,我会假装香蕉是一把手枪,苹果和梨在抱怨因为没有了皮而感到冷,或抱怨我正在"剪去它们的头发"。

我们还会用苹果来重现白雪公主的故事,想象着水果篮里有一个"毒"苹果。事先选定的一个孩子会咬一口他的苹果,假装昏过去,告诉同伴他的苹果"被下了毒"。

(8)离园

吃完点心等待家长到来的时候,我会念一些"小企鹅"们喜欢的小故事或儿歌。念完之后,为了维持秩序,我会强调在等待离园期间,大家必须在自己的座位上坐好,等待老师叫自己的名字。

孩子们用亲吻或拥抱与我告别,去到家长身边。

---

① 不同主题的牌类游戏(配对游戏)。所有纸牌背面向上置于桌上,游戏者将它们两两翻开,试着将类似主题的卡片进行配对(同类的两种动物、同一大洲的两个国家、同一个童话中的两个人物,等等)。配对最多者获胜。

我的一天就这样结束了,就像开始时那样:一个微笑,一声问候,一个拥抱。

下午四点,铃声响起,所有家长带着孩子离开幼儿园。

皮奥特罗幼儿园会一直开放到下午五点,为那些工作到很晚的家长们提供晚托班服务。在晚托班期间,孩子们会领到一份点心,并在负责老师的陪护下在大厅里自由玩耍。

带着一丝疲惫,我开始整理自己的东西,填写活动记录册,心里想着:又一天结束了……我回想今天完成的活动,(由于时间不足)本来能够去关注却没有关注的事,本来该说却没有说的话,还有本来不该说却说了的!我合上记录册,心想:不管怎样,吃一堑长一智……虽然我不能擦除记录,但我可以下次注意,重新开始!

明天又是新的一天……记录册上又有一页将被填满……一页新的生活……和我爱的孩子们一起,每天他们都在告诉我生命的价值!

第二章　小　　学

第一节　体制与课程

小学是义务教育阶段第一教育周期的第一部分,学制五年,接收6～11岁的学生入学;身体、精神或行为有严重问题的学生也必须接受小学教育,接收这些学生的班级总人数相应减少,并配备专门的"辅助教师"。现在,没有接受小学教育的情况很少。

一、历史简述

1859年撒丁王国颁布的卡萨蒂法律将"初小"阶段定为义务教育,包括小学一年级和二年级,而"高小"则包括小学三、四年级。小学教育由市政府负责管理。1861年国家统一后,这一法律的效力范围扩展至全国,但按照不同地区的状况,其执行结果也不尽相同。

1923年的真蒂莱改革将小学学制延长至五年,之后又加上了一个"三年制补充课程",以六年级、七年级和八年级的形式出现。1933年,所有的公立小学"收归"国家,这个在1911年便开始的计划终于得以完成。

近几十年来小学体制和教学内容的革新是从1971年第820号法律的颁布开始的,该法律标志着局限于教授"读写和算术"的学校退出了历史舞台。这一法律所作的改变有:增加了补充活动和兴趣活动(音乐、绘画、戏剧等等),延长下午的学习时间(完整课时模式),每个班级配备多名教师。这些政策使小学教学开始向着更加宽泛的文化教学、促进学生兴趣和个性发展这一目标转变。

小学和整个义务教育体系最重要的文化和社会革新以1977年第57

号法律的通过为标志。这一革新突出表现在：教学计划、每个学生的观察和评估、教师团队工作和不同年级间的协调，将残疾儿童编入普通班，以及之后特殊班级的废除。

具有革新意义的法律活动在 1985 年第 104 号总统令和 1990 年第 148 号关于小学体制改革法律的颁布后宣告完成。前者通过了小学教学大纲，后者则为大纲的充分执行提供了条件。

最后，2004 年第 59 号立法法令、2008/169 号法律和之后的 2009/89 号总统令分别对小学体制做了修改，我们将在下文中进行说明。

二、组织结构

从 2009/2010 学年开始，在该年 12 月 31 日前年满 6 周岁的儿童必须注册进入小学学习，在该学年的 4 月 30 日前年满 6 周岁的儿童也可以提前注册入学。

一般来说，学生被按照年龄编入不同的班级。在偏僻地区规模较小的学校里仍然存在着跨年龄班级，也就是不同年龄的孩子被编入同一个班级学习，以便于行政管理。根据规定，一个班的学生数不得超过 25～27 人（存在特殊教育要求的学生所在的班级则不超过 20 人），和不得低于 10 人。

按照规定，未来在小学任教必须接受 5 年①的完整大学教育。当前，小学在任教师的学历水平参差不齐，从四年制高中毕业到大学毕业不等。

周课时根据各校校委会的选择而有所不同，最少 24 课时，最多 40 课时（全日制）；考勤可以只计算上午时间，也可包括下午，还可以包括食堂午餐时间（非强制）。

教学活动（上课、给学生评分、教职工的进修和自我提高）在 9 月 1 日至 6 月 30 日开展。

三、课程设置

课程的结构设置由《国家大纲/指导方针》确定，但学校可以自主规划

---

① 校注：按照意大利高等教育的学制，大学本科为 3 年，硕士研究生为 2 年，5 年的大学教育意味着需要硕士研究生毕业。

一部分学习时间,制订自己的教育培训计划。

小学接纳和肯定个体的多样性,包括身体上的残疾,2004年第59号法令提出,(小学的教育目标是)"推动个性的发展,其目的是让学生获得和发展基础知识和能力,包括基础的信息技术和逻辑—批判能力,让学生学习表达方式、意大利语和简单的英语,给予其研究自然界自然现象和自然规律所使用的科学方法的基础,提倡交际能力的价值,培养空间感和时间感,学习公民生活最基本的原则"。

教育部于2009年9月颁布的指导法案强调了小学是教育体系中的基本组成部分,通过小学教育,学生渐渐从学科前教育的环境走向获取不同学科知识的道路,尽管该阶段各学科的划分还不是很细。

小学学科包括:意大利语;英语;历史与地理;数学、科学、技术和信息;音乐;艺术与绘画;身体、运动和体育;天主教教义(选修,面向信教的学生)。

各学科的教学课时数并没有具体规定。

学校有自主选择教学材料和课本的权利。从2009/2010学年起,每五年进行一次课本的选择。另外,从2011/2012学年起,学校不得使用仅以纸质出版的课本。出版社必须提供可供网上下载的版本或将纸质图书与电子版相结合。

正式的评价在每学期期末以报告单的形式交给家长,报告单中列有各学科的得分,每学科总分为十分。学生的行为举止是通过评语来评价的。学生如果不是所有科目都表现异常(不及格),可以升入高年级学习不需要参加考试,就像进入中学学习不用参考之前的学习成绩,也没有入学考试一样。

学生从小学升入初级中学只需要一个最终的评估,一般在小学第二个两年的年末①进行。学生留级需要经过所有教师的一致通过,并且必须具备特殊的和站得住脚的理由。

四、国家层面学习状况考察

由于技术原因,在考查性的评估中很难对口头交流和独立写作进行评

---

① 校注:即在第4学年的年末进行。

估。因此意大利国家教育体系评估院(INVALSI)评价的是:

- 阅读能力,包括对文章的理解、阐述和评价。
- 对词汇和语法的认识,学生发展所必需的学习内容在学校各年级的课程指导中都有规定。

意大利国家教育体系评估院组织的第一教育周期数学考试考察包括以下两方面的问题:

- 数学内容,按大章节划分:数字、空间与图形、关系与函数、计量、数据和预测。
- 与数学学习和问题解决相关的认知过程。

我们以下面这份数学样卷为例,以便更容易地与其他国家的考试形式作比较。

例题 数字	年级和"任务"
3 乘以 10 加 14 等于几? A. 17 B. 44 C. 34	• 小学二年级 • 认识和使用数学运算符号的意义
240 的 10 分之一等于几? A. 2400 B. 24 C. 2.4 D. 0.24	• 小学五年级 • 认识和使用整数和小数

续表

空间与图形	年级和"任务"
四个小朋友坐在放有一个茶壶的桌子周围 谁看到的茶壶是这样的： A. 戴白色鸭舌帽的男孩 B. 带黑帽子的男孩 C. 带蝴蝶结扎辫子的女孩 D. 不扎辫子的女孩	• 小学二年级 • 学会从不同角度观察平面图像（例如：一幅画）
关系与函数	年级和"任务"
锅中装着常温的水（18 摄氏度），对锅子加热。下面哪张图描述了发生的变化？ A. 图 A B. 图 B C. 图 C D. 图 D	• 初级中学三年级 • 辨别表示事实和现象的图表或公式

计量、数据和预测	年级和"任务"

下图说明了该班的同学出生于那个季节

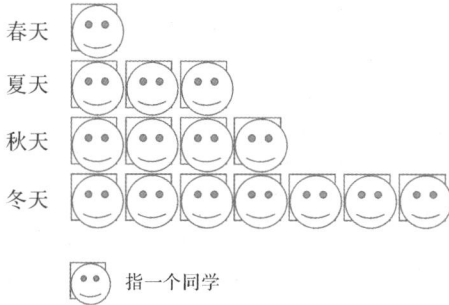

春天
夏天
秋天
冬天

指一个同学

问:全班共有几人?

- 小学二年级
- 使用表格、象形图案和/或图形中的数据作出选择和/或回答问题

A 班决定进行一次汽车载人数量的调查。某一天,安德烈和马可负责记录 1 小时内从校门口经过的 150 辆汽车的载人数量(包括司机)。他们制作了这张表格:

车内人数	车辆数
1	49
2	80
3	16
4	5
总计	150

下面哪张图表与表格中的数据相符?

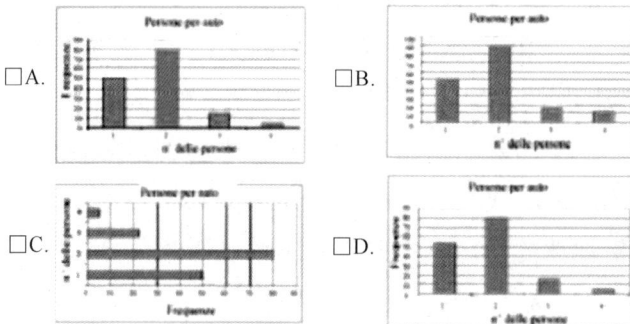

□A.
□B.
□C.
□D.

- 小学五年级
- 学会在表格和图表之间转换

第二节　理念的源流与参照

一、面向全民的学校[①]

根据统一之后的意大利国家宪法（1860），小学在很长一段时期内都是唯一的全民教育和培养机构，之后小学也经历了一段发展过程。下面我们将对其中的主要阶段和关键时刻进行回顾。

1. 阶段

最初，小学阶段的义务教育仅限于2～3年，目标也仅仅是非常简单的认字—工具性知识和技能—道德教育。在1881年加贝利计划颁布后，小学承载了更繁重的文化和教学功能。一方面，意大利国家业已稳定，并且希望成为西欧强国，小学教育需要为公民基础文化水平的提升提供基础；另一方面，学会使用新兴科学方法是取得科学文化进步的条件。因此，小学需要抛弃传统的侧重语言和文学的教学方法，以使学生获取客观的科学技术能力。

巨大的改变发生在1923年。该年，乔瓦尼·真蒂莱部长引导的教育改革颁布了建立在朱塞佩·伦巴多·拉迪切理念基础上的大纲，确定了小学是人民的学校，渗透在艺术语言、宗教、神话和民间传说中的人民最原始的文化是小学教师开展教学的出发点，而小学教师正是这些文化的掌握者和阐述者。小学教育的任务在于将学生的思想和灵魂与其所在国家历史所重视的价值和人类精神的普遍价值联系起来。具体来说：学校是走进表达人类文化世界（以知识、艺术和道德的形式存在）的大门；教学不是要激发方法及其规则，而是要从艺术实例中得到启发，即师生在交流过程中，对解决问题、指导学习、协调和使用教学工具这些日常行为的创造和再创造。师生关系被理解为在共同的内心成长过程中进行的心灵和思想的交流，可以说这一关系的本质是精神性的。

---

①　这部分由凯萨·斯古拉蒂撰写。

在之后的二十年里,该大纲又有了一些修改,以便小学能最大限度地符合法西斯政权的国家主义和专制极权思想。而第二次世界大战的战败使得法西斯政权陷入危机,新的共和国随之诞生。

2.内容

第二次世界大战后,国家全新的政治社会生活致力于重建战后废墟,推进民主体系,随之诞生的是 1945 年小学教学大纲。该大纲被认为是一份在革新方面具有平衡性的重要文件,它将改变和持续性元素进行了精心的平衡:小学应当成为民主意识建立的首要阵地(例如,纪律被理解为学生自我管理的开始),远离之前的文化轨道;教学建立在激发思考积极性的模式之上,该模式在一些西欧大国的教育体制中已经获得了稳固的地位,将对环境的探索及其相关的教育、研究和小组学习放在首位;其知识理论基础是发展心理学,以对学生学习的自然过程的尊重作为指导原则。

1955 年颁布的大纲沿用了这些标准。该大纲的使用时间为 30 年,以发展心理学理论为基础,勾勒了一幅教育—教学版图。在这张版图中,学生的成长发展是从美学—情感领域(人们说,孩子是"直觉、幻想和情感的结合体")出发,通过操作、探索、记录和个人思考(直接经验)的方式,逐渐获得对真实世界进行科学、客观理解能力的过程。单一教师的模式是教学计划保持一致、关系的持续性,以及与学生及学生家庭保持近距接触的保障。

塞尔乔·汉森(Sergio Hessen)、让·皮亚杰(Jean Piaget)、约翰·德威(John Dewey)、(Celestin Ferrière)这四位的教育思想成为了一个参照系,在整整四十年间,无论是在内容还是在组织形式上,将意大利的小学教育带向现代化。

1985 年颁布的大纲(1998 年第 148 号法律对此作出了一些改革)为一些建议打开了大门,这些建议涉及科学研究的发展(认识论、符号学、信息科学、控制论,等等)、教育科学研究的发展(认知学、社会行为学、互动理论、组织理论,等等)和狭义的教学研究(结构主义、建构主义、学习技巧,等等),并随之引发了一系列的重要改变:小学的任务被确定为广义的"文化扫盲";培养计划按照实际能力和教师的自然集中原则,将课程以复合"学科大类"的形式进行重组;教师团队替代单一教师,以便体现强大的集体性,实现对更加稳固的知识和能力的利用;与实际文化生活的发展相关的课程类别的地位得到了强调和提升(声音和音乐教育、运动教育、图像教育)。

对该大纲的讨论此起彼伏,反对之声也不绝于耳,如其中就有一些关于教育本质方面的(例如:反对多教师模式)和一些关于教学组织的(如课时模式),这些声音促进了新指导方针的起草(2007),但该方针并没有对1985年的大纲作明显的改动。

3.意义

在这段时间里,从1961年开始,随着接受中学教育的人数越来越多,小学不再是唯一的义务教育,也不再是义务教育的终结点。小学开始重新对自己的初期性进行定义。关于"初"一词,我们很容易便能看出其含义包括哪些方面:

(1)在时间上发生在某件事之前;

(2)在价值顺序上排列靠前;

(3)简单、容易,与复杂、困难相对;

(4)在教育发展的顺序中意味着必要性、基础性、根本性。

第4个词义是从教育学角度进行的诠释,并可以对此进一步细分:

(4-1)为后续阶段教育开展的最优化提供条件的前期准备(直接意义上的后续和准备);

(4-2)从长远的延续性教育的眼光出发,在人生的特定阶段为完整个性的发展提供准备(间接意义上的渐进和准备)。

也就是说,任何学校的功能都不是为后续的学校做准备,而是为了将具备适应性和成功潜能的学生送入下一级学校。

换句话说,重要的是要明确作为6周岁以后学生个性整体教育发展场所的小学需要保留"初级性"的哪些部分。只有从两个相关方面出发才能对此问题做出回答:一是小学本身设立的最初动机,二是小学在近期现实中承载的文化和教育功能。

小学教育的意义在于:

- 它是在自然的教学氛围中,将受教育权看作个人取得全面发展的必要条件的整体规划背景下取得的基本文化教育过程;

- 它是个人在生活和命运的各种情况下树立"*尊严*"的历史—文化形式；
- 它是公民建立日常生活所需的思考和公民道德系统最根本的基础培训；
- 它是帮助公民通过自身的发展不断提高整体生活水平的延续性教育的组成部分；
- 它是学生个人精神,生活与文化历史中存在的不计其数的不同精神进行具有教育意义的接触的主要方式；
- 它是陪伴学生走进有组织的文化世界的培训；
- 它是教育培训中强化、有效的教育行为。

在这些意义中我们可以看出其基础性、必要性、整体性、文化陪伴性、教育心理的自然性和社会普遍性所占据的主导地位。另外,小学教育还强调：

- 对必要的字母工具的牢固掌握；
- 对知识构成的介绍；
- 对生产能力的加强；
- 培养对自然世界和人类世界的探索欲；
- 对合作交际能力的培养；
- 充分发挥其"认知孕育性"(J. S. 布鲁纳：小学好比"理性世界的入口")的特点,反对百科全书式的知识支离破碎的发展趋势。

如果将小学教育的主要任务总结一下,我们可以说,小学教育需要在课程数量上简化,实现与之前学校(幼儿园)和之后学校(中学)之间更好的连续性,重新强调工作的集体性。

二、经典思想选编

头脑工具①

阿里斯蒂德·加贝利

培养懂得以自由和自觉的方式阐述生活丰富多样性的个性,不做既有

---

① 选自阿里斯蒂德·加贝利:《教学方法》,佛罗伦萨:Le Monnier 出版社 1956 年版,第 38—40 页。

概念和理论的奴隶。

这样的目标以如此明确的方式提出，在一些人看来是太高了，似乎更应该是高等学校的目标，而不是小学的；似乎应该用来培养致力于高级研究学习的头脑，而不是用来满足那些需要付出艰辛才能维持生活的人们的。但我们想要告诉大家的是，我们并不奢望培养所有的人都去进行什么重大发现，而是要让他们习惯观察事物，利用想象力不经仔细检视便能作出判断，从感官所能获得的一切出发，找到获得经验的机会和教育素材。我们通过这样的方式培养难能可贵的头脑工具。没有这一工具，人在整个生命中、在任何情况下都只是一只没有舵的小船、一支随风摆荡的芦苇。现在，平民对这一工具的需要并不亚于其他人，教导他们在自己的工作场所和劳动中正确地使用这一工具的方法也不应与教导那些更幸运阶层的方法有所不同。就像我们教穷人孩子学走路和教富人孩子学走路时，所用的方法都是一样的。

撇开所有人（不仅仅是平民）都上小学这一点不谈，学校办学思想中错误或有缺陷的导向会影响全国人民的思想；虽然我们不愿意相信，但是平民有着和我们一样的头脑，没有什么会比使人误将谬论认为真理的方式来教育他们来得更加危险。远处的科学虽然还不属于他们，但是总有一天会来到他们身边。他们是那么弱小，科学不费吹灰之力便能让他们迷醉。就好比观看压榨葡萄的人，不需要参与，便会被葡萄酒的香味醉倒。在我们的时代，铁路、电报、报纸将消息带到四面八方，也让所有人的思想趋于一致，我们社会现存的可以抵抗过度吹嘘和错误的唯一方式便是让人们尽可能多地获得尝试和检验的工具。但仅靠不完整的教育或物质教育是不能完成的，因为，如果一个人在幼年所受的教育让他对事物的思考变得肤浅或混乱，那在之后的时间里，这一偏差很难被校正，这和我们很难让一个从小就被迫驼背走路的孩子直起身来是同样的道理。在认知的数量与质量上，不同年龄之间存在并应该存在巨大的差别；但是在认知的获取方式上，还没有一个好好深思过的针对儿童的方式和针对成人的方法。我们知道，生活是一本书，一本没有封底的书，每个人都只能读自己能读到的那部分。但没关系，重要的是要促使人们开始去阅读，当他们理解了这门难懂艺术的原则，并予以运用之后，就能在没有老师的情况下，独自阅读生活了。

作为探索者的老师①

朱塞佩·伦巴多·拉迪切

那些断言学校转型必须要将教师的活动放在一边,强调学生活动的人还是忽略了一点:一个学校的孩子有多么积极主动(积极观察、发明创造),那么老师就有多么积极主动!在培养主动性的学校里,老师应该是孩子充满智慧的观察者、时刻都做好准备的顾问以及和蔼可亲的鼓励者②。但我们不能忘记,一个老师要做到这一点,就必须去探索世界,将自己内心对于认知和实践的渴望以孩子的实际角度去学习和重新发现周围的一切,考验自己的智慧、情感和建设能力。同时,老师在远离所在班级、一个人独处的时候,也仍在阅读、观察、收集有意义的东西,制订家访计划,给自己提出问题,就好像自己是学生中的一员一样。这就好比父母(如果他们称职的话)总是将孩子放在心里,从孩子的角度出发重新经营他们的生活,经常会充满慈爱地想起他们,感受到的一切和当下的一切判断都会考虑到自己是孩子的父母。也就是说,他们无时无刻不在寻找对孩子(对那个特定的孩子)有意义的事物:小玩意或演出、游戏或书籍、天然的或人造的。

老师和父母每时每刻都在重新认识这个世界,为的是要找到对他们的孩子来说新鲜的、未知的事物,决定哪些是他应该立刻观察和认识的,什么可以最大限度地唤起他随时准备好的求知欲,什么可以玩、可以做、可以学。

我想起学生时代的一件事,尽管极其简单,但对于我却成了一次特别的教育经历。

我被委托照顾我的一个生病的小侄子,我带他在乡下住了几个星期,那是个位于埃特纳的小村落(只有几栋简陋的房子)。在那里,人们从事的活动无外乎照料葡萄园。除了农业之外,工业活动也仅限于打铁、给骡子

---

① 选自朱塞佩·伦巴多·拉迪切:《生动的教学——问题和经验》,佛罗伦萨:Remo Sandron 出版社 1952 年版,第 95—102 页。

② 这部分由凯萨·斯古拉蒂撰写。

打蹄铁、修理小车（著名的西西里彩绘小车）。

……我上午的时间都在看工匠工作。他有时在露天工作，有时在只有一道粗糙的拱门搭成的门廊下工作。每天我都能看到不同的表演：有时是生起一圈炭火，用来膨胀箍桶用的大铁环，从而将其箍到轮子上；有时是刨削一块木板；有时是制服一头像着了魔似的埃特纳骡子这样的艰巨任务，这些骡子就像马一样漂亮，但容易紧张；有时是将绘有奥兰多和里纳尔多丰功伟绩的"镶板"拿到太阳底下晒。

……想着我那在家睡觉的小侄子，我像个孩子一样，对他做的每一项工作，我都在脑海里悄悄地想"为什么"。我承认并不是每个问题我都能给出小孩子能理解的、清晰明确的回答。简单点来说，也许那个男人的工作充满了神秘。

一天，看到我的好奇心日渐增长，罗玛力诺便给了我一个小板凳，并回答了我很多的问题……听说我带着一个小孩子，他便建议我也带小孩子过来看看一辆微型的小彩车，那是他自己做的。他骄傲地称那是真正完整的西西里彩绘小车模型……

于是，我便带着小侄子去看这一杰作。无疑地，我的小侄子对此感到非常惊讶，有说不出的喜欢；但令他更感兴趣的是门廊下的劳动和属于那个奇妙世界的各种物品。

……教授一个孩子观察事物的最好方法便是让他们亲眼看见，这也可以清晰地回答孩子的各种"为什么"；如果老师希望培养孩子能够运用智慧去彻底探索世界的态度的话，他本身也应该是一个探索者。

……真正的老师会将生活中的其他老师都看作是合作伙伴，让孩子来到学校，和他一起去拜访铁匠、农民、磨坊主、泥水工……

老师的秘密全都在这里：探索日常事物，发现习惯事物中的新亮点，为看似无意义的事物赋予意义！……

与其预先对课堂内容制订抽象的计划或者打开"课本"，不如去看看周围，问问自己有什么是值得我们的孩子去关注和发现的，怎样让他们去关注和发现；怎样让孩子们变成积极的"探索者"，去领会他们看到的和随处可见的一切事物的意义和价值。

小学的学科①

阿尔弗雷多·琼蒂

人类知识,所有的人类知识,无论从问题发展的顺序还是从美学的发展角度来看,都产生于最初那一刻的惊讶。这一刻的惊讶使人们将注意力集中到该事物上,然后智慧的力量便开始运作:从情感到好奇,从好奇到提出问题,到着手调查研究,到结果的归类和筛选,最终变成了科学(但真正的科学直到人类睁开眼睛 50 万年之后的昨天才刚刚诞生)。

遵循这一认知过程,通过学生惊讶的体验促使他们思考,通过促进深入思考的好奇心发展的自然过程设立学科。这样的学校可能存在吗?

这是我们作出的假设的目标之一:建立一种在环境因素多样化的条件下,能够在一段时间内催生科学的学校……

"学校不能不谈学习内容"这一说法的合理性该怎样理解?当然不能从对系统纯粹简单的学习和对规范法则的机械应用这一角度去理解;也不能从对这些法则和系统进行纯粹简单的重新发现或重建的角度去理解。在我们看来,这一说法只在一种情况下才有意义,那就是在将现实作为文化教育的根本的环境下,学习内容被认为是用来研究现实的工具,也就是被认为是对特定研究对象进行认识和解释的工具和语言、被认为是思维模式以及在研究结果的整理和智慧培养、文化活动、教学活动中可效法的路径。

教师的任务是利用已有的知识结构制定学习的过程、结合点和文化目标,给出正确的方法,推动自身语言的运用。学生的任务是在研究的过程中重新发现和重构学科的元素(当然是非常初级的),找出有可能成为科学的东西:在现象的世界里找出想法、原则、类别;在引导下试着对它们进行初步的整理;通过实验找到恰当的工作方法并掌握它们;初步尝试运用专业术语和技术用语;使用愈发精细的研究工具(或者我们也可以说,使用不

---

① 选自阿尔弗雷多·琼蒂:《作为"研究中心"的学校》,布雷西亚:La Scuola 出版社 1973年版,第 12、13—14、15—16、22—23 页。

那么粗糙的研究工具）。

……学科被理解为工作的工具和研究的操作流程,对经过研究和思考的现实的整理,是教学活动的指导……同样的,学科也是思维模式,是智慧培养、文化活动、教学活动中整理研究结果的标准化流程。学习科目的产生源于对普遍现实的理性思维的应用思维。换句话说,就是逻辑结构。再次思考意味着将逻辑的路线再走一遍,促进思考,运用尊重逻辑思考形式的战略来让大脑运转。当然,我们不只是简单地满足于重复这些过程,而是致力于对它们进行重新发现,并重新构造。

连续性中的特殊性[①]

克洛蒂尔德·蓬特科尔沃

小学教育的特殊性在哪里? ……对于第一阶段,它无疑与幼儿园有着很多的结合点;而在第二阶段,它与中学教育的联系也愈发紧密,教育方式也愈发相似。这并不意味着小学失去了自己的个性。事实上,作为获取工具性知识与能力的基础能力教育过程是小学教育的中心,这与越来越广泛的社会交流、理解社会现实和自然世界的需求是相一致的……但如果这一教育过程没有伴随着建立在认知和社会比较基础上的方法与活动,从而获得批判性意识的话,其最基本的目标便无法实现……小学教育的特殊性还体现在它与中学相接近的那些方面,即首次进行学科的划分,文化内容也更加清晰……在渐进式(相对而言)的学科划分导向下,小学的特殊性体现在它承担着培养最初的实践和思考能力、巩固学习动机、建立研究态度和研究方法的责任……小学的"优势"和重要性在于,它可以(也应该)专注于不同领域知识的获得方法和过程,对内容和方法的深层联系有充分的认识,保证学生在进入中学之前能够获得宽泛的认知经验。

---

①　选自克洛蒂尔德·蓬特科尔沃:"基础教育的连续性和小学的特殊性"。摘自帕多瓦:《民主学校》,1982 年第 3—4 期,第 57 页。

第三节 当前的实践

一、基础教育学校的范例①

意大利小学是为了满足为全民提供与今后的社会和工作任务相适应的文化准备的需求而诞生的。因此,其目标是提供最必备的知识(将其称为"初级学校"就是因为其提供的是最基本和必备的知识),但范围覆盖全民,从而衍生出了该层级学校的政治态度,即关注教育的数量。换句话说,就是让任何地区的 6～11 岁儿童都能上学,并且不惜一切代价保证入学率。

1.环境、班级、课时、活动

在班级的组织上出现过不同的模式,有最传统、最普遍的分班方式(即同年龄班级),也有跨年龄分班(将不同年龄的孩子交由一名教师指导)。同年龄班级(今天通常为 25 名学生,而在第二次世界大战后的一个时期,每班学生可以达到 40 余个)的老师通常会倾向于采取容易获得文化认可的标准化教学方式,很少考虑到个体的差异;而在农村地区,尤其是山区的跨年龄小班里,由于学生年龄的不同,需要采取更为个性化的教学,这促进了小组学习方式和大龄学生对低龄学生的不同辅导形式的发展。

直到数十年前,事实仍然如此:现在,由于交通的发展和便捷,也由于经济方面的原因,曾经交通不便的地区出现了校车服务,将学生送到位于较大的城镇、交通更为便捷的学校学习,这些学校通常服务设施更加完备(体育馆、图书馆、实验室,有的还有游泳池)。这便使得小学教育向着更加技术化的方向发展,相比小型农村学校的简陋设施,拥有完备设施的学校在这一方面更具优势;另一方面,公共行政部门,特别是国家和大区级行政部门,也会通过要求学校参加特定的竞标和项目的形式以提供财政资助,

---

① 由恩里科·莫罗·萨拉蒂撰写。

致力于推进信息技术的学习和使用。

这样，新建学校采用的标准也显现出新的趋势，即建筑空间宽敞，功能性多样，通常不是很高，但由供不同班级使用、提供不同服务的多个场馆组成。全日制的课时模式非常普遍，尤其是在北部地区，这就使得"学校食堂"服务变得尤为重要。我们在这里举个例子，看看一所学校①是如何介绍他们的全日制课时的：

茵维利戈全日制小学提供的教育旨在通过建立在自觉参加学校生活基础上的教育措施，逐步实现儿童的全面发展。教学方案由学校选择，并融入到由所有教师一起计划和实行的教学大纲中。

"多年来，我们学校都十分重视个体差异性；教学的组织允许活动的个性化（即为每个人寻找适合的道路）和使用不同的学习方法（通过备选的书面材料、游戏、活动、运动感觉认知系统开发、实验室、游泳、计算机等等）。为了使家长了解教学方案，我们会召开家长会，介绍和共同讨论选择方案和结果。学校在作抉择时从来都不是一个人：多方都很乐意与我们合作，提供具有建设性的意见。"

许多意大利孩子平常的一天是这么度过的：早晨在家吃过早饭之后，他们便等待校车，坐车上学，在学校开始教学活动（通常在 8：30），一直到午餐时间（12：30）。在午餐和休息娱乐时间过去后（通常约为一个小时），他们开始下午的课程，直到傍晚时分校车将他们送回家。

但这属于全日制课时模式（有些地区仍然不能实行这种模式）却是只在上午授课，并且，提供全日制课时模式的学校也会根据不同家庭的需求，提供其他的课时模式。

在表 2.1 中我们会看到一所一贯制教育机构②在网站上对其三种课时模式的介绍。

---

① 茵维利戈国立学校（科莫省；伦巴第大区），http://www.tempopienoinverigo.it/chisiamo/prasso.htm

② 由多个基础教育级别学校组成的学校机构，如：幼儿园、小学、初级中学。该案例取自卡西埃尔一贯制教育机构（特莱维索省，威内托大区）。

表 2.1　一所一贯制教育机构的三种课时模式

课时模式一	必修课部分	28 课时
总课时:28 ● 上课天数:周一到周六 ● 时间:8:20—12:20 ● 周三:8:20—16:20 ● 就餐:12:20—13:20	意大利语	8
	历史	2
	地理	1
	数学	5
	科学/技术	2
	运动科学①	2
	艺术/绘画/音乐	2
	英语	2
	宗教教育②	2
	教育③	1
	就餐	1
课时模式二	必修课部分	27 课时
总课时:32 ● 上课天数:周一到周六 ● 时间:8:20—12:20 ● 周二到周五:8:20—16:20 ● 就餐:12:20—13:20	意大利语	8
	历史	2
	地理	1
	数学	5
	科学/技术	2
	运动科学	2
	艺术/绘画/音乐	2
	英语	2
	宗教教育	2
	教育	1
	选修课部分④	5 课时
	实验活动	1
	就餐	2

备注:

①体育、有组织的游戏、运动准备活动

②天主教教育,为选修课

③价值观、公民生活教育项目,等等

④由家庭选择参与的教学活动

续表

课时模式三	必修部分	27 课时
总课时:40 ● 上课天数:周一到周五 ● 时间:8:20—16:20 ● 就餐:12:20—13:20	意大利语	8
	历史	2
	地理	1
	数学	5
	科学/技术	2
	运动科学	2
	艺术/绘画/音乐	2
	英语	2
	宗教教育	2
	教育	1
	选修部分	13 课时
	学习补充和发展实验	3
	手工	2
	"学会学习"	3
	就餐	5

需要说明的是,模式一仅有一个下午授课;其他学校都不提供此种模式,只提供上午24课时,或者一个下午授课周六闭校。课时模式的变化由学校根据家庭需求和教师与服务的实际提供情况自主决定。具体来说,由于全球经济危机引发的财政紧缩也在学校里体现,具体表现为学校教师数量的减少。

2.教师和对象

(1)"小学老师"

小学老师的标准形象是 35～50 岁的女教师。资源的紧缺导致近十年内教师的招录人数显著减少,教师的平均年龄呈增长趋势。由于经济和社会地位的原因,本来就人丁稀少的男教师队伍规模进一步缩小,在小学讲台上能找到的男教师屈指可数。从文化的角度来看,大部分教师仍然保持着该学校最初的"教学"传统。这使得一些小学老师成为了固有方法的卫道士,没有改革之心,对学生的关注也一成不变,教学内容也主要是针对学生教育,而不是师生互动。但在今天,其他层级学校的教师对教学的敏感度不断上升,尤其是幼儿园教师群体,这使得小学原来的优势地位陷入困境。中学教师工作中的学术性较少,而职业性表现得更多,这与他们接受过大学里有关于教育学、教学方法、心理学的专业教育,及与许多人充满实验和创新精神不无关系。另外,尽管小学教师队伍的组成还是以中学毕业①学历人员为主,但小学教育专业大学毕业生的数量正在逐日增加,他们不仅经过更深入的专业学科、教育方法和本学科教育方法课程的学习,也已经习惯于从更具文化性的角度来看待教学工作。但是,劳动市场的需求与对教师的普遍消极态度仍然呈现强烈的对比。这一消极态度体现在对教师的关心较少、支付的工资也与他们付出的劳动不符。教师的形象虽然有所改变,但并没有对其最好方面的价值给予肯定,这也导致了令人沮丧的结果的产生。但从根本上来说,我们不能忘记,小学教师仍然是一个职业敏感度不断提升、致力于本职工作、对教育充满热情的群体,是意大利青少年教育过程中的一大财富。

(2)单一教师和教师团队

最初的小学采取单一教师制,该教师负责传授所有科目的"基础知识"。正是由于知识的"基础性",教师不需要具备专业知识,只需对综合文化知识有良好的掌握即可。一直到 20 世纪 60 年代,意大利的小学都维持着这种状况,最多再增加一些辅助性质的课时,为那些家长由于工作原因不能对其进行照顾或需要进行附加练习和复习的孩子提供帮助。这些辅助性的课时不是真正意义上的上课,而是一种"晚托班",由辅助机构或地方行政部门管理。班里的老师可以是该学校的教师(计算附加课时和工资),也可以是等待获得固定工作岗位的年轻教师。少量的特殊学校在延长课时阶段配备有专门的教师:一般是为在学习或感官上有问题的孩子(盲童、聋儿,等等)提供特殊的教育。最后,一些比较富有或对教学比较重视的地方行政机构还会为学校提供专业科目的教师(例如:音乐老师),以弥补小学教师通常不熟悉的学科领域。无论如何,班级的负责老师只有一个,尽管也有其他同事参与,但他要对整个班级负责。也就是说,这位老师并不一定是该班唯一的教师,但一定占据主导地位。

20 世纪 70 年代初开展的深入改革确立了全日制模式,增加教师数量成为当务之急,这既是为了适应几乎翻倍的学校课时(从 24 课时增加到 40

---

① 师范毕业,经过义务教育后四年或五年的课程学习后获得。这是一种职业资格,但这一文凭在 21 世纪初已停止颁发。

课时),也是为了提供特定学科领域的深入教学,比如当时社会要求的一些新兴教育领域(外语、新技术、大众传媒交流,等等)这一需要在 1985 年小学教学大纲颁布后尤为突出,该大纲将之前仅作为额外实验课和特殊的创新性课程也列入了常规课程。

在 20 世纪 90 年代初颁布了一项法律[①],除了其他一些内容之外,还确定了增加每所学校为充分满足教育需要而配备的教师的数量。于是,"教师模块"就诞生了,它也被称作"教师团队",由共同负责两到三个班级的三名或四名教师组成,在团队内部,教师们各有分工。除此之外,建立在全日制课时模式上的班级形式业已稳固,每班通常由两名教师管理,有的还会有专业教师参与辅助(音乐老师、宗教老师、表演活动课老师,等等);只有少量的班级仍保留着单一教师、仅在上午授课的模式。

然而,近年来经费缩减和改革却倾向于将以上所有已经确定的改革措施边缘化,使得小学回归传统的组织形式,即便不采取传统的单一教师制,至少也有向主导教师制回归的趋势。下面,我们从 2008 年[②]颁布的开头几个文件开始,看一下政府所导入的政策的主要差异。

自 2008 年起,小学教师究竟改变了什么?

①不再是两班配备三名教师或一班两名教师,而是多班和/或多校配备一名教师。

②工作时间。

根据国家劳动集体合同[③](学校部分)规定,小学教师的工作时间安排如下:每周 22 课时的课堂教学＋每周 2 课时的教学计划时间。

根据关于幼儿园和第一教育周期学校的行政、组织和教学安排的修改规定,在每周为 24～27 和 30 课时的班级里实行单一教师制。

③只从一年级开始的课时模式。

每周 24 课时,安排在上午(例如:4 课时×6 天或 5 课时×5 天)。每班

---

① 1990 年 6 月 5 日颁布的第 48 号法律:《小学体制改革法》。

② 169/08 号法律(原先的 137/08 号立法法令)和 133/08 号法律。来源:公立学校研究中心,2009 年 1 月(公立学校研究中心[CESP],1999 年由从属于工会基础委员会[COBAS]的劳动者建立)。

③ CCNL,国家劳动集体合同。

配备单一教师,教授 22 课时的所有科目,包括英语,如果该教师接受过专门培训的话,以及 2 课时的天主教教育。

④从高年级到一年级的课时模式。

每周 27/30/40(全日制)课时模式。

每周 27 课时,主要安排在上午。每班配备单一教师,教授 22 课时的所有科目,包括英语,如果该教师接受过专门培训的话,以及 2 课时的天主教教育。

每周 30 课时(27＋3 课时的选修课),包括午餐时间。每班配备单一教师,教授 22 课时的所有科目,包括英语,如果该教师接受过专门培训的话,以及 2 课时的天主教教育,没有同班共同授课的情况。

每周 40 课时(全日制课时模式)。

表 2.2　课时模式

直到现在还在使用的教师模块模式	下一学年起将取消的教师模块
● 每周 30/32 课时 ● 两个班级配备 3 名教师 ● 6 课时的在两个班级同班共同授课	(1)每周 27 课时 　● 每班一名教师 　● 没有同班共同授课 (2)每周 30 课时(27＋3 课时选修) 　● 每班一名教师 　● 没有同班共同授课

⑤全日制教学的组织模式。

每周 40 课时的课程,配备两名全职教师,没有同班共同授课的情况。

最后有必要对近年来经常提及的主导教师的含义进行说明:它不是指单一教师,而是指班级唯一的负责人,其他教师也可以参与到班级教学中(如帮助残疾学生的老师、宗教老师、英语老师、音乐老师、戏剧老师),但他们只扮演陪伴、辅助主导教师的角色。

3.学校与家庭

与幼儿园相比,小学和家庭的关系更具正式性和官方性:以学校教育计划①规定的有组织的会议为主要形式,通常是比较系统化的,但也有非正式的家校联系活动,比如说校庆活动、民间和宗教节日,以及(与家长)在活动组织方面的合作(组织对某一机构的参访、观看某一个演出,等等)。

这是一所小学②的家长会日历:

2009-10-21:班级代表③选举

2009-11-26:跨班委员会④会议

2009-12-17:与家庭交流

2010-1-28:跨班委员会会议

2010-2-18:第一学期⑤家长通报会

2010-3-28:跨班委员会会议

2010-4-29:与家庭交流

2010-5-20:跨班委员会会议

2010-6-17:第二学期家长通报会

注:这一日程安排中未出现家长见面和家长全体大会的形式,但在其他学校可能会开展,尤其是那些存在由家长自由选举成立家长协会的学校。

与对待幼儿园的态度相反,家长对于小学阶段的学习抱有很大的期待,这通常是由于社会上根深蒂固的思维定势造成的。例如,家长会将一所学校的教学内容与另一所学校作比较:"我们的学校还在学习史前人类,

---

① "教育计划(POF,Piano dell'OffertaFormativa)是构建学校文化身份和规划的纲领性文件,阐述学校对课程、课外活动和组织结构的规划。是协调由学生、不同级别的学校工作人员、家长组成的学校团体开展个人和集体活动的工具。确定了在两个学校层级下完整学习过程中的教育培训条件"。摘自卡尔契纳特一贯制教育机构(贝尔加莫省,伦巴第大区)网站:http://iccalcinate.it/pof.php。

② 真扎诺第一教育集团(罗马省,拉齐奥大区):http://genzanoprimo.altervista.org/index.htm。教育集团指的是只包含幼儿园和小学的学校机构。

③ 各类学校管理委员会:校委会(行政管理)、跨班委员会(由家长自由选举的代表参加)。管委会不得参与教师协会的工作,教师协会是全校组织和教学管理的机构,因为教学的学科内容仅与教师的唯一职业性相关。

④ "跨班级"指的是根据特定的年龄划分,将同一学校或该教育机构内的所有学校的班级整合起来;跨班委员会负责该形式下教育活动的组织。

⑤ 一学年分为两个学期(每学期约为四个月)。第一学期期末学校会给出学生的中期评价;第二学期期末,即6月时,则给出该学年的总结性评价。

而那所修女开办的学校已经讲到亚述—巴比伦人了……"教师并不十分乐意自己被这些定势所左右,但他们无法总是让家长们理解教学方法和教学过程的教育价值。与此同时,小学的教学过程也受到舆论和学校本身政策导向的阻碍。学校政策关心的不是教育价值,而是国际间的比较(例如:在经济合作与发展组织内)。不管怎么说,意大利小学的国际排名还是非常靠前的……但是,媒体和政客们看重的是中学成绩,而它在国际水平上并不太高,他们还想着将同样的标准应用到中学以下层级的学校中去。

4. 规划

意大利学校的教师在计划和组织教学方面有着很大的自主权。国家指导方针①并没有写得很详细,但指出希望教师能够严格地规范教学行为。而课程表和教学日历则很大程度上是由各个学校的行政部门确定的。事实上,并不是所有的教师和校领导都能很好地利用这种自由。有时候,教师会表现得很保守,沿袭着未经教育部指导方针确认、由支离破碎的经验定势构成的传统,这便导致课程规划被简化为依照课本授课,忽略了具体环境所能提供的机会和孩子们的体验。但是,任何一所像意大利学校一样选择了教师责任制,而不是让教师成为他人制订的教学计划的执行者的学校都必须面对这一危险。在关于教学规划活动的制度层面,已经明确的思路是以教育部的《课程指导方针》为准则。该方针颁布于 2007 年,是对 2004 年颁布的方针进行的整合与进一步阐述。根据指导方针,教育和教学规划实质上是通过可获得资源的组织,使得方针所规定的培训目标适应学生个体实际情况的一个战略。也就是说,教学规划并不是简单地对教育部既定目标的接受和遵守,而应该是教师根据需求和具体可能的实际情况,对该目标进行相应的改编。更明确地说,后一个指导方针明晰了"……每所学校在自己的教育计划中都要写明课程设置,同时遵循指导方针确定的最终目标、能力发展的不同阶段目标和学习目标"②。该条款明确了教学规划不应被看作是单个教师的个人行为,而应是学校在教育部指导方针

---

① 是国家颁布、现在已经生效的一类计划。它规定了教学活动的目标和指导原则,但没有涉及细节。这一指导方针希望能成为教学的灵感来源,而不是一种强制的束缚。

② 公共教育部部长令,2006 年 8 月。

规定的范围内自主进行的集体行为。在这些方针的指导下,小学教师和学校一起致力于规划日常活动和旨在对某一具体方面深入学习的特殊项目(通常与各地的具体情况相联系)。下面是巴西利卡塔大区一所学校的日常教学计划样例①。

项目主题:消失职业的秘密

目的②

- 促进以经验为基础获取知识向将知识进行重新架构的演化;
- 学习与几乎消失的农民世界相关的知识;
- 通过建立在分析、阅读和资料阐述基础上的特定方法,以获得进行历史重构的正确途径。

目标

描述希望达到的可测量的目标和所使用的方法。

- 理解人类根据自身需求改变自然;
- 理解人类的基本需求并未随着时间的改变而改变;
- 理解对需求的满足随着时间发生改变;
- 辨析人类根据需求对环境进行的改造;
- 发现自祖父母辈开始至今在劳动上最普遍使用的技术的变化;
- 学年末制作一份小报、组织一次展览。

---

① 摘自里奥内罗·因武尔图雷教学部门网站(波坦察省):http://www.ddrionero.it/files/Progetto%20Il%20mistero%20dei%20mestrieri%20scomparsi.pdf

② 在教学计划的通用语中,指的是泛指的目的,可以在不同层面、通过不同学习科目达到的目标。换句话说,是永远不可能完全达成目的;而学习目标则是更加具体的能被完成和考查的目标。

内容

- 将特定的原材料加工成日常用品的劳动过程；
- 过去常见的食物和今天我们吃的食物；
- 祖父母辈在农业劳动中使用的方式；
- 对古老职业使用的器具、工具、物品和特色工作环境的描述；
- 将搜集到的所有资料进行整理分类。

对象

二年级 A—B 班的学生、学生父母和祖父母。

时间

该项目在整个学年中开展：

第一阶段：在《环境研究》实验课中开展，分发问卷和表格；

第二阶段：通过采访、笔录、配有解释的照片和诗歌/儿歌的创作寻找曾经从事这些消失的职业的人（在课外活动时间进行）；

第三阶段：搜集所有资料，准备一份小报和学年末的展览。

最终成果

制作小报

举办由曾经从事这些劳动的祖父母或老人们参加的教学展览。

注：该样例之后的部分列出了所使用的人力资源（哪些教师和合作者参与了项目并列出姓名，哪些是可以被使用的材料资源、场地、辅助设施、信息资料及其他）。

我们用上文提到过的阿尔弗雷多·琼蒂的话作为对小学教育介绍的总结，他希望说明在何种情况下小学的课程设置应该以学习内容/学科为基础。

二、教学空间、时间和工具的组织

学校生活要注意空间和时间的协调。规划空间意味着站在孩子的角度去回应他们成长的真正需求。让教室向学校其他的空间敞开，在教室内部设置固定的区域用于灵活地组织活动（见图 2.1），创造性地布置一些教学装饰（如关于班级故事的海报、板画、报告等见图 2.2），这些都是为促进教学活动的主动性与参与性而采取的一些举措。

图 2.1　让教室向学校其他的空间敞开

学校是开展学习活动的地方。因此，老师每天面临的问题是如何传递信息，如何使概念的理解变得更为容易，以帮助学生获得并巩固知识。为了技能与综合能力的不断发展，这些以知识获取为目的的教学行为，由教学的协调者①推动。教师是首要的协调者，他们基于自己的人格魅力创建和学生之间的共鸣并激励他们。作为协调者，教师的表现是相当杰出的，他们不仅要努力将概念和范例转换为易于传授的内容，还要建立起有助于互相理解的开放式交流空间，以营造出文化共享的氛围。教师们主导着有

---

①　教学协调者指的是教师在教学过程中引导学生走近所学内容所用的方法和工具。

图 2.2 创造性地布置一些教学装饰

用的教学方式与工具,使教学的过程更顺畅。根据达米亚诺(Damiano)[①],这些协调者按照知识重构的种类进行分类。有主动的协调者;有直接经验的协调者;有符号式的协调者,他们通过图像语言实现教学;有类比式的协调者,他们使用刺激方式和游戏方式;有象征式的协调者,他们利用字母、数字、符号。

各类协调者之间的共性其互补性,这种互补性要求他们必须充分整合各自的特点(见图2.3)。教学协调者在促进和维持学习动机上起着重要的作用。因此,他们需要在以教育计划为指向的日常教学中发挥作用,而这本身也是人生规划的一部分。

现在,我们来看一下这些指导性概念是如何在典型的一天内具体实现的。

① 摘自 E. 达米亚诺编. *Insegnare con i concetti (Un modello didattico tra scienza e insegnamento)*(《用概念教学(在科学和教学之间的教学模式》),SEI,Torino,1994.

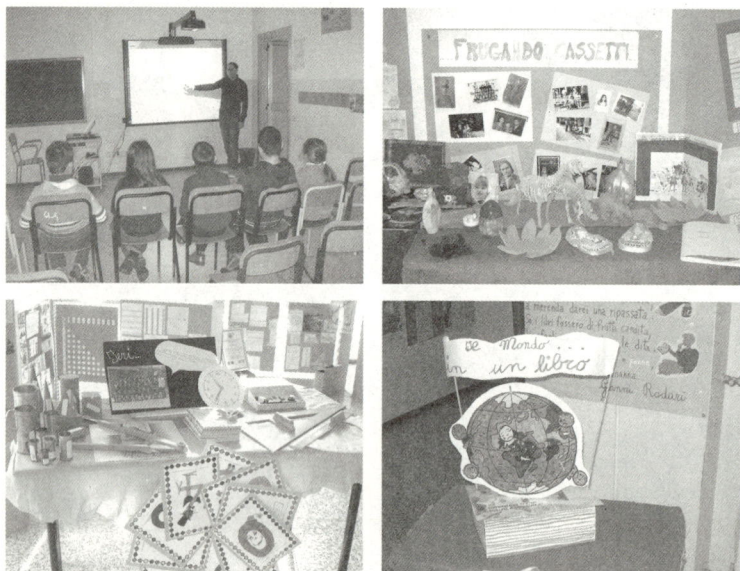

图 2.3 各类协调者之间的共性是其互补性,这种互补性要求他们必须
充分整合各自的特点

米兰皮埃维玛努尔莱
马丁·路德·金小学①三年级全日制课时的一天

8:30/8:45 入校时间

一般而言,具有教育意义的计划可以通过:一个激发思考的问题、一个故事、一支令人欢喜的儿歌、一次解读富有含义的图片、一个精神锻炼的游戏、一个科学实验或者一个逻辑 — 数学游戏,作为开始。这些都可以使整个班级进入到一个充满好奇、探索的氛围中。

今天是谁的节日?

为了发现这个答案,孩子们被邀请和老师一起观察和分析不

---

① 索妮娅·马佐拉(Sonia Mazzola)和安东内拉·拉卡普拉(Antonella Lacapra),教学杂志的合作人,都在皮埃维玛努尔莱的马丁·路德·金小学任教。皮埃维玛努尔莱是一个拥有1.5万居民的米兰卫生城。照片由多梅尼科·亚科皮诺(Domenico Iacopino)摄。

同历史时期和不同文明的艺术作品,它们都拥有一个同样的主题:树。

事实上,每年的 11 月份,为向树表示敬意,我们学校都会举行一个节日,为使大家不要忘记地球正面临着一个日益突出的问题——环境污染,尤其是由于不断发展的工业化所引起的对能源和自然资源的过度开发。

我们所提出的具有教育意义的计划,帮助孩子们在其最早但也是最深刻的环保意识中进行反思和创造(见图 2.4)。

图 2.4 帮助孩子们在其最早但也是最深刻的环保意识中进行反思和创造

8:45/9:30 审美时间

该项活动的目的在于通过个体认知性的实验使孩子们在各种艺术的影响下得到启发,把艺术看作一个游戏,一份惊奇和一种创造。

通过对艺术作品的讨论,孩子们明白树不仅仅赐予我们果实,而且在所有的文明景象中都具有极其重要的象征意义。一直以来,神秘主义者、萨满教徒、哲学家、艺术家和炼金术士都把树的象征符号与人类永恒的、令人不安的主题联系在一起:善与恶、生与死、认知、人性与神性。人们也曾经向树祈求保护和安慰、启示和建议,围绕着它们诞生了出许多的神话传说。就这样,树拥有了不同的形象、名字和能力,但它一直都是生命的象征。

游戏时间

所有形式的游戏都是学习和建立关系的资源;引导孩子"观察"和"阅读"对象、现象、动物、静物、符号等,引导他们产生对问题的直觉,学会"感受"环境,以进入与自然世界和社会的交流之中。

孩子们分为三人一组,他们被要求从其老师所分发的写有文字的清单开始,猜一猜被展出的不同艺术品的名字和作者,之后一起检验。最后,孩子们被要求为一个由不同图片组合在一起而创造出来的作品取一个独特的名字。孩子们创造出了:"树,生命之源"。

9:30/10:30 自然时间

学习、重新制订、研究、创造、发现和倾听的体验。

所有促使大家对树表示感谢,和为树木庆祝的动机,被罗列在一起,从而能够绘制出一棵树的大致轮廓(见图2.5)。在它上面,贴着写有孩子们对植物世界已有知识的小卡片;之后,我们大家一起到科学实验室做实验,验证这个植物世界有多少已经被描述,有多少尚待发现。

10:30/10:45 庆祝时间

大家一起为树庆祝,品尝专门准备的来自世界各地的特色甜点。

10:45/11:45 计算时间

"在发展用形式化的语言进行处理和传递意义的一般能力和使用这些形式化的语言来表现和建立不同对象、事件之间的关系模式的一般能力中,数学扮演着特殊的角色。尤其数学还为世界的科学描述和日常生活中有用问题的解决提供了工具;此外,数学还有助于发展一种交流与讨论、用正确的方式阐述、理解不同

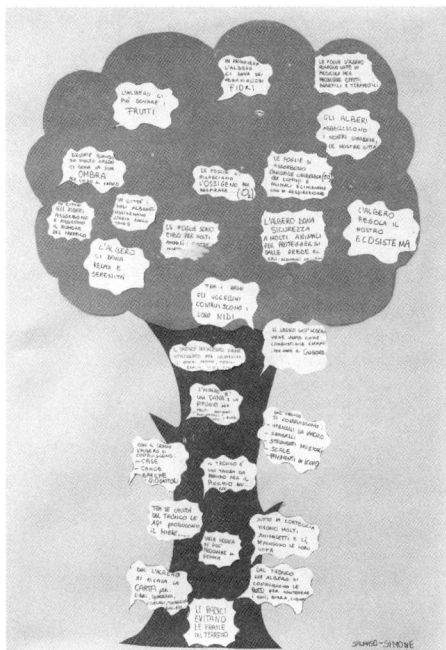

图 2.5 所有促使大家对树表示感谢,和为树木庆祝的动机,被罗列在一起,
从而能够绘制出一棵树的大致轮廓

的观点和他人的论点的能力。"①

学生们通过网络搜索,获得关于森林退化及其相关问题的信息
和数据(见图 2.6)。之后大家一起重新整理和概括这些信息和数据。

12:30/13:30 分享时间:午餐

这是体现相互关系的时间,也是成为营养教育"专家"的时
刻,但要严格地使用英语。

这一活动旨在促进孩子们去发现、探索、评价另一种不同的
语言,帮助他们逐渐意识到语言多样性的存在。随后,他们也将
制造和使用他们自己的语言,尊重它们的差异性,并与人分享。

13:30/14:30 集合与运动时间

午餐后,孩子们在户外活动,做自由活动,或由成人引导。这

---

① *Indicazioni per il curricolo*(《课程指导》),罗马:公共教育部 2007 年版。

图 2.6　学生们通过网络搜索,获得关于森林退化及其相关问题的信息和数据

使得孩子们可以去承担不同的角色,学会处理冲突,学会将攻击力引向具有建设性的目标。

在任何时候,教师都是安详的临在者,陪伴孩子们活动,鼓励他们,奖励他们,有时要帮助他们重建和小伙伴之间的积极关系,因为这种关系会由于一次冲突就变得困难。

这也是探索的时间:观察白桦树、松树、小动物、季节的颜色和形态;收集果实:松果、榛子,还有许多其他的果实;鼓励孩子们提问,并回答他们的问题,以满足他们的好奇心。当他们开始意识到他们周遭的事物、想要知道它们的原因和结果时,即当他们愿意深入了解这些创造物时,好奇心就会从他们那里产生。

14:00/16:00 情感时间

在这个时间中,大家重新安排自己的生活计划,并各自讲述自己的感觉、经历。这给了孩子们一个宝贵的"时空"可以允许他们在安静、倾听、关注与尊重的态度中享受属于自己的"心灵时间"。

通过对班里发生的一次争吵的叙述和分析,学生们会对情感/感觉和行为的关联进行思考。学习为某种情感取名并给出一种表情(剧情化的活动),根据不同的"情感家族"(幸福、悲伤、害怕、愤怒、厌恶、惊讶和中立),对其进行区分,制作一个情感笔记本,用不同的情感做游戏,并描述它们,扩大他们自己的情感词汇。通过这种方式,他们学习表达自己的感情,特别是能够学会通过灵活地方式来合理对待每天生活中遇到的不同境遇与困难。孩子们被分成不同的小组,选择一种情感并将它画在纸上,选择一种他们认为更能符合这种感情的颜色,用这些颜色画一棵树。

16:00/16:30 审美时间和离校时间

孩子们辨认凡·高画作中所表达的情感(见图2.7)……但这是另一天的故事了……

图2.7 孩子们辨认凡·高画作中所表达的情感

三、一位跨年龄班级①老师②的日记

看,我在这,夹杂在两所山区小型学校之间,一所在提扎诺瓦帕尔玛(Tizzano Val Parma)(29名学生),另一所在拉格利莫内(Lagrimone)小镇(32名学生)。我一个人替代两名老师的工作:部长已经决定削减教师人

---

① 在意大利,班级是根据年龄划分,在一些无法如此[划分班级的]小城镇,会有一些接收不同年龄、不同水平的孩子的班级。

② 安杰洛·帕加尼尼(Angelo Paganini)如此介绍自己:"一年前谁会这样说? 当时,我安静地呆在米兰的一所很大的高中里,有时也有点无聊。我教四个班的哲学和历史,深受学生和家长的喜爱。在同一所学校里工作了22年,完成了许多重要任务:几乎成为了一种制度。什么让我焦躁不安? 我至今仍未明白。城市、噪音、交通、污染、人群……我应该要做出改变。就这样,我向公共行政部门要求调到帕尔玛省的一所高中。他们说不行。'但是',他们告诉我,'你是从做小学老师开始职业生涯的,如果你愿意,我们可以让你在一所小学呆一年。'我从没有考虑过这一点,但是出于本能,我便接受了。"

数。每所学校有四个半老师。那半个就是我,尽管我的体重有 90 公斤。

"太多老师了!"部长这么说。但他说得对吗?

居民们认为这一地区是脆弱的、边缘的。意大利人搬去了城市,马厩、牛奶制品点、火腿制品店的工作岗位,都被外国劳动者占据了。

分散在很多小镇的孩子们,尤其是那些外国孩子,他们在学校里有会面的场所,也有最重要的教育机会。

他们人数太少,以至于无法组成按年龄分的传统班级。他们被编入了两个跨年龄班级。

在拉格利莫内,有一个一、二、三年级的跨年级班和一个四、五年级的跨年级班。在提扎诺,则有一个一、二年级的跨年级班和一个三、四、五年级的跨年级班。这种不同,并不是出于教学方面的考虑,而只是因为学生的数量。在城里的全日制学校,两个班级配备四名老师。在这里,两个跨年龄班则配备四个半老师。这多出的半个教师,有时候根据年龄,被允许将跨年级班分成几个更小的组。

我此前从没有在跨年龄班级中教过书。为我这有一些困难:

- 同时面对不同年龄的学生绝非易事,经常需要开展不同的活动。
- 不可能像同龄班一样精心地对每一个人的课程进度统一安排。
- 由于非常不同的需要、要求和能力的存在,很容易产生混乱。因此需要有很周密地教学准备工作,在课堂上则又需要能够应付其他的工作。

但是,跨年龄班级也有它的优点:

- 年龄较大的孩子经常帮助年龄较小的孩子:这样,他们便能学会承担责任,获得赞扬,巩固已经获得的能力。
- 当老师向年龄较小的孩子解释某项内容时,对于年龄较大的孩子而言,这是他们巩固学过的知识的机会。
- 当老师向年龄较大的孩子解释某项内容时,对年龄较小的孩子多少也会有所帮助,使他们开始形成一个概念。有时,他们甚至会提前理解某个观点。
- 和同年龄班级中的学生相比,这些孩子不得不以一种更自主的方式学习。

今天是星期五,这个早晨我应该在 10 点开始上课。但我会早点去:今天是树木节和小镇泉水节。校长特别强调过……预计开始时间是:9 点整。而且,今天还下雪了。20 千米好像并不太长,但崎岖的山路,在下雪天,可能会暗藏着一些危险。

8 点,我出发了。扫雪车已经开过。但除过积雪的道路很窄,其他积雪还在不断侵占着这狭窄的通道。小心:可能会撞上送奶车!

再转一个弯,卡罗比奥(Carobbio)就会出现,那是一个小镇。每天早晨,它的风景都能给我带来小小的喜悦。啊呀,今天我看到了雪墙。钟楼也不再显得突兀了。

看,我到了提扎诺。靠近学校的停车场打扫得很干净。我毫无困难地停好了车。

这时传来孩子们尖声的问候:"你好,Prof①!"

他们叫我"教授",而不是"老师",并且还大声强调,这可能更自然一些,就像拉格利莫内的孩子所做的那样。他们很高兴有一位高中教授做老师。他们总是向那些比他们大的朋友们说:我们也有一位教授!

同事们都在忙碌地工作。必须要改变一切庆祝活动:雪太大了。尽管花园里洞已经挖好,这些树却没栽种;一直到泉水处的行军也不合时宜:孩子们会淋湿并不得不穿着湿衣服。学校也很冷……

替代方案:在幼儿园大厅举行庆祝活动。只要走下楼梯,在拱廊下走几步。看,我们到了。

星期一,很多家长、爷爷和奶奶们参加了拉格利莫内的树木节。教区的本堂神父也来降幅树木。之后还有甜点、煎饼、披萨、饮料……

今天,在提扎诺,家长没有来,也没有神父。但是市长和副市长来了。

老师们介绍了他们。孩子们也给予了问候。

市长显得局促不安。但庆幸的是他今天没有发言:因为通常情况下,他同孩子们说话的语气就像和政府要员②说话一样。

幼儿园里和小学里的小孩都聚集在一起,唱着关于树的歌谣。此后,

---

① "Prof"是意大利语"professore"(教授)的简称,中学学生对老师的亲切称呼。在小学里,学生通常称教师为"maestro"。

② "Prefetto"(行政长官)是一个省的政府代表,是公共管理的领导者。

他们又分成几个小组朗诵诗歌。市长、副市长、女老师、男老师纷纷鼓掌。蛋糕是用几年前栽种在学校庭院的苹果树上的苹果制作的。我们用水来干杯。最后,我们在大花盆里栽种了树:一株花楸树、一株梨树、一株樱桃。

做了一会儿游戏之后,大家便离开去洗手:今天午餐时间提前,与幼儿园小朋友一起。通常,在午餐的时候,每班会有一名老师与孩子们在一起,但今天,所有老师都留了下来。

孩子们在餐桌上的表现一向很好,今天更佳。在午餐快结束的时候,有几个幼儿园的小孩过来,问是否可以在饭后和大孩子们一起玩。申请获得通过,大大小小的孩子在一起玩到 13 点,井然有序。老师们也休息了一下。一位幼儿园同事注册了大学的哲学专业。她利用这个机会,向我提出了很多关于亚里士多德、其中世纪译者和解释者,尤其是托玛斯·阿奎那(Tommaso d'Aquino)和朱利莫·迪·莫尔贝克(Gugliemo di Moerbeke)的各种问题。其他同事看着我们,仿佛我们是外星人。

13 点,孩子们整理好玩具。年龄较小的孩子们上床午睡。

我把我的孩子带回到楼上。

迷人的景象破碎了:安德烈又恢复了他爱争吵的个性:捉弄每个人,尤其是其他的小男生。当他这样做的时候,我很难控制他。他会假装听我的,然后又开始那一套。这次托马斯突然反抗了,安德烈便失去了平衡。我将他们两个人都责备了一番。这时已经到了 14 点,要重新上课了。

星期五下午,我带的是三、四、五年级跨年级班,加上一个一年级的小女孩:一、二年级的学生正在上宗教课①。欧麦玛(Oumaima)是一个摩洛哥穆斯林小姑娘,她不上宗教课,便和我待在一起。同事们一般会准备一些材料供她学习。我给其他学生上科学课。事实上,我的同事们要求我特别致力于学校的两项深入学习的项目:一项是关于垃圾,另一项则关于水。实际上,提扎诺制造的垃圾非常多,显著高于国家平均水平,而水的消费更是平均消费水平的两倍:让孩子意识到这些也许是有用的。

---

① 根据与天主教会的一个协议,在意大利学校中,一些得到国家和教会认可的教师,根据教学计划的"指导方针",会讲授宗教课。这些指导方针也与教会协商一致。这些课被安排在正式学校课时内,但是自愿参加;如果一些孩子的家人不希望自己的孩子参加宗教课程,他们可以参加其他的活动。

我让他们讨论了一会儿,但他们很快就累了。星期五下午的课程更加累人:孩子们想着周末!最好让他们专注于:

- 做几行听写;
- 一篇很难阅读和理解的文章;
- 临摹一幅画;
- 根据听写内容而作的个人设计。

我在课桌间走来走去,提供帮助,改正错误,提出建议。当然,我也会批评他们。时间飞逝。

校工进来通知下课:这里不像城里的学校,没有铃。

孩子们迅速理好东西。我陪他们走到门口。一小群家长正在等待自己的孩子。其他孩子坐上校车:校车会带他们回家。

我在学校再逗留了一会儿,整理我们的博客:http://unascuolatraimonti.wordpress.com。总是有一些小小的不完美之处需要修改。

我们昨天更新过博客。通常,我会提出一个问题,经常和历史有关。我们利用学校现有的材料、书籍和互联网(我帮助他们了解如何进行搜索)整理一些资料。然后,我们试着去确定我们是否找到了一些重要的东西。我会提一些问题,但不给答案(苏格拉底总是具有现实意义)。孩子们形成自己的想法,他们会讨论一下,然后一起确定关键的概念。这时,我便让他们来到电脑前。这是几台旧的机器,运行得也不太好,但至少它们是电脑。拉格利莫内更糟:只有一台不太好使的电脑。

我们一起逐字逐句地讨论文本,然后,所有人来写。这样,他们便能学会使用文字处理程序,明白什么是斜体,什么是粗体,怎样进行复制和粘贴,怎样移动句子和段落,怎样保存,怎样插入键盘上没有的字母。另外,我们使用的开放资源软件会标出孩子们的拼写错误:他们可以仔细考虑并改正错误,而不需要老师的提醒。我们不是很有效率:我们花费很长时间来写很短的文章。但是我觉得这些文章言简意赅。

最后,只有一个人能够发表共同的劳动成果。我们经常都来不及按时完成。所以我会在自己的课时之外工作,在午餐休息的时候,我们一起发表:孩子们十分乐意这样做。午餐后,我也会指导二年级的孩子们发表自己的文章:他们对诗歌充满激情。

孩子们都非常喜欢博客:他们看到自己的文章和大人的文章一样被漂亮地发表,获得同样的地位;他们知道家长、朋友、亲戚,以及许多其他人可能会读到这些文章并留下评论。我跑题了:这些都是昨天的事。今天,我只是检查一下是否一切正常。

校工来叫我了:学校即将关门。我踏上了回家的路。道路被冰覆盖:我小心翼翼地,向我居住的安静的小镇前进。但是,教师工作在课后并不会让我的大脑有一丝自由。就算在车里我也在继续思考。我想找出一种方法,解决经常出现的宗教冲突:我们有不同信仰的孩子,每个人都自豪地坚持着他们自己宗教的真理。在其他方面,他们都一致同意,即使肤色也不是一个问题,但在宗教问题上,他们并不让步。如何将差异转化为财富呢?

会找到一些方法的。

第三章　初级中学

第一节　体制与课程

初级中学的学制为三年,在小学之后。它构成了第一教育周期的第二个阶段,学生年龄为 11～14 周岁。

一、历史简述

意大利的学校体制,尤其是中学教育,在一段时期都保留了 1923 年真蒂莱改革所确定的体制。

第二次世界大战后,意大利的学校体制开启了新的篇章,首先便是以民主观念为标志,旨在保证所有小孩都有进入学校的平等条件。《宪法》第 34 条规定:"初级教育,至少八年,并且是义务的和免费的。有能力的和有资格的人,即使没有经济条件,也拥有取得更高学历的权利。"

1962 年,根据先前的指导方针,三年制的单一制的,也是义务性质的中学被建立。

1963 年,针对单一制中学的最早的国家计划获得通过。在根据 348/1977 号法令对政策作出进一步的改变之后,新的计划于 1979 年被颁布,从学校政策方面来保证教育的成功。

1977 年第 517 号法律是平等和包容的新政策的标志,它为残疾学生进入普通学校学习创造了条件。

二、组织结构

完成小学并取得入学许可的学生必须注册进入初级中学。从小学进入到初级中学,国立学校和同等学校的学生不需要参加任何结业性质的考试。

班级的划分以学生年龄为依据。根据 81/2009 号共和国总统令,班级的规模,最少为 18 人,最多为 27 人。

任何班级,都由多名大学毕业的教师执教。他们可以执教一门,或多门学科。今后,为了在初级中学任教,将会要求两年的硕士课程(在三年制本科之后),以及一年的实习。

初级中学的规定年课时为 990 课时,即相当于每周 30 课时。在实行长学时模式的班级里,平均周课时为 36 课时,在有些例外情况下,则为 40 课时,包括就餐时间。课程开始于 9 月 1 日,结束于 6 月 15 日。根据各大区,日期有所不同,并且有圣诞假日、复活节假日和暑假。

三、课程设置

课程的设置通过《国家指导方针》来确定。初级中学教育的"目标是提高自主学习的能力,增强社会互动的能力;[……]以教育和方法的不同为特征,与学生人格的发展相关;[……]逐渐培养与学生的能力和爱好相符的能力和选择能力[……];帮助指导后续之教育和培训的选择"(59/2004 号立法法令)。引导,属于初级中学的根本任务之一。第三年则致力于对学习的深化和引导,以及与第二教育周期相衔接。

在初级中学,为学习的具体目标以及针对总课时而制定的课程有:宗教(选修)、意大利语、英语、第二欧盟国家语言、历史与地理、数学与科学、技术与信息、音乐、艺术与图像、运动科学和体育。

定期和年度评估,以及能力证明,由班级的任课教师实行,采用 10 分制(6/10 为及格)。为让学生能够升入下一年,除规定的最低出勤率外,每门科目和行为操守还必须获得不低于 6/10 分。

在初级中学的第三年年末,学生需参加第一教育周期的国家结业考试,包括三场笔试、一场口试和一场全国性的笔试。如果最后的总评不低于 6/10,则该考试通过,其结果为积极。国家考试提供进入第二教育周期的资格,通过其考试之后,会颁发第一教育周期的毕业证书。

第一教育周期的国家考试之全国口试(国家教育体系评估院)

考试参照在介绍小学体制时引用过的意大利语和数学参考成绩。

全国性的考试逐渐使用一种全面的方式根据学校水平的多样性对阅读进度进行评估,过程主要包括:

- 找出文中的信息。
- 形成简单的推论。
- 理解文章全文。
- 通过整合在文章中不同部分出现的信息与概念来寻求一个解释。
- 评价文章内容、语言和文本要素。

在下面几页,我们仅以数学考试为例,因为它们更容易也更适合与其他文化背景的考试进行比较。

1. 数字

4.1　$\left(\dfrac{4}{3}\right)^2$ 和 $4\dfrac{2}{3}$ 相同吗? A. 不相同,前者等于$\dfrac{16}{3}$,后等于$\dfrac{16}{9}$ B. 不相同,前者等于$\dfrac{16}{9}$,后等于$\dfrac{16}{3}$ C. 相同,两者都等于$\dfrac{16}{3}$ D. 相同,两者都等于$\dfrac{16}{9}$	• 初级中学三年级 • 掌握自然数、整数和分数的乘方

2. 空间与图形

3.2　该图形是立方体,M 点是该边的中点。下面哪张是该立方体的展开图?  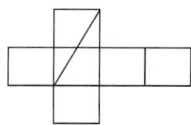 A  C	• 初级中学三年级 • 认识三维图形和二维之间的关系 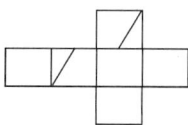 B 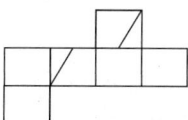 D

3.关系与函数

常温的水(18 摄氏度)在锅中加热,哪张图描述了温度变化?	● 初级中学三年级 ● 鉴别表示事实和现象之间大小关系的图表或公式

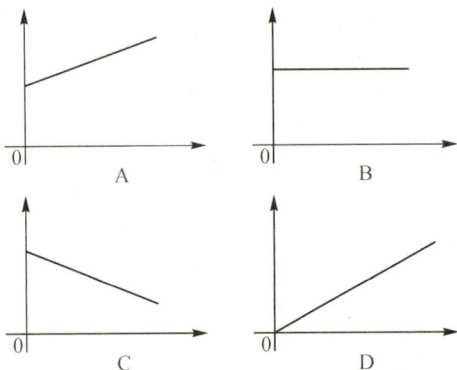

A. 图 A
B. 图 B
C. 图 C
D. 图 D

4.计量、数据和预测

在一家书店中,员工是这样分配的:

职位	人数
库房工	?
收银员	4
售货员	8
会计	2

● 初级中学三年级
● 使用和解释数据所代表的不同形式,以回答和解决问题

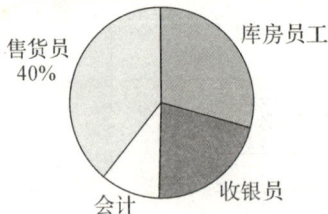

库房员工有几名?
答案:
请写出计算过程:

第二节　理念的源流与参照

一、教育学、心理学和民主[①]

意大利中学的历史可以被分为两个部分：1962 年之前和 1962 年之后，即以全体 6～14 岁公民的义务教育的真正实现之前和之后为界，该义务教育包括两个阶段：小学（5 年）和中学（3 年）。1948 年的宪法已规定此义务，但总未得到尊重；另外，11～14 岁的学生，根据不同的计划和出路，有三种不同类型的学校（高中、商业学校和技术学校）。根据 1962 年 12 月 31 日颁布的第 1859 号法规，确立了单一制的和义务制的中学，并明确了八年制的义务教育。

1.这一过程的根本目的有哪些

引起这一过程的核心原因需要在政治—文化的转变中寻找，它可以被归结为意大利国家民主的发展。正是由于民主的发展，完成了对先前传统高中的超越。对于传统的高中而言，初中阶段的那些年，本质上被视为是引导高中学习的阶段（长期以来，例如初中和文科高中分别被称为"初级高中"和"高级高中"），遴选未来领导阶级中可能的成员。小学阶段结束后，学生要进入"高中式"初中，必须要参加入学考试，而其他两类学校则不需要。

此外，从教学内容的角度来看，初中课程的设置，以传统语言学科（拉丁语和意大利语）以及历史地理知识为核心，同时数学占有一定的空间，除了物理教育和宗教之外，外语、绘画也得到了少量的关注。从文化模式的角度，对古典时代（罗马文明）的叙述，因其对拉丁语和历史学习的重要性，而受到强烈地支持，意大利语和地理的学习则构成了民族文化和意识的基石。

语言—历史—地理—艺术（以及部分的数学）的组合，意味着这类学校的特殊的教育范围，这类学校十分不重视自然科学知识的存在，也没有给

---

① 此部分由凯萨·斯古拉蒂著。

予技术实践知识应有的重视。因此,这是一种由符号—语言主导的一般性的"人文"学校。

在 20 世纪 60 年代,社会和议会政治的情况得到确定,在这种情况下,针对所有 11～14 岁男孩和女孩的学校的问题,成为国家发展讨论的中心议题。第二次世界大战后,生产力恢复的推动,为意大利的工业和商业带来了飞快的经济发展(也即 50 年代著名的"意大利奇迹"),这也引发了一些新的社会进程,例如:从事农业劳动的人口数量减少,剧烈的由南向北的国内迁移潮(人们离开农村,在城市里寻找工作),广播信息,尤其是电视信息的普及,与更先进的生活方式与模式的比较,对更舒适的个人生活的追求,旅游业的增长,私人汽车的购置,等等。此外,在天主教和社会主义两个大本营内的以进步为导向的力量,在政治合作的可能性方面得到确立,双方均认为,学校体制必须要进行重大改革:首先,必须有效遵守接受至少八年学习的规定,为符合一个社会在快速发展中所要求的大众文化,并与世界的"西方"视野之背景相融合的大众文化创造条件;其次,需要意识到"高中"式类型的课程结构已经不再符合以全民为基础的教育需要,同时,仅仅依靠小学教育也不能展开这项任务。

然而,在应当采取什么措施的问题上存在着两种不同的导向:

- 一些人认为,最好的解决方法是所谓的"后小学"方案,它更接近于人民群众广大阶层的可能性和经验,它将会在"小学老师"中保留一个关键的指导角色,更适合于理解和实现它的社会目的;
- 另一些人则更倾向于为11～14周岁的群体设立一种新的学校,这种学校对所有人一视同仁,它越过延长基础教育的限制,将义务教育纳入更加先进和现代的前景之中,呼应新的民主和工业文化的要求。

因此,他们在酝酿一种"初级"形式的模式,和一种"中级"形式的模式。在第一种模式中,根据中学生的具体生活环境与个人内心完整形象的展现运用统一的方式将知识整合与连接在一起;而在第二种模式中,各个学科承担起具体的方面和目标,教学则被分配给在该学科毕业的老师。

在经过讨论和艰难的比较之后,第二种模式占据了上风,藉此,意大利作为第一个将三年制中学纳入义务教育学校的国家。站到了欧洲的前沿。

因此,这类学校的教育和教学景象就发生了根本性的转变。它属于中学类别,因而不再是初级教育。它承担起了一个阶段的教育,它的职能包括:发展青春期叛逆的少男少女个性,在未来选择的指导方面给予他们支持,开启他们对世界、自然和社会构成知识的认知。

在课程计划方面,关键是现代语言板块(意大利语和外语),数学和科学的内容得到强化,艺术教育(尤其是音乐的指导)开辟了一个新的空间。历史和地理的学习与社会生活的结构和组织有关的内容整合在了一起。因此,这是一种新的人文主义,它关注对现实的理解。

但对11～14岁特定年龄段学生的心理特征的关注,则是其重点;正如我们之前所说的,他们正处于从童年迈向青春期的过程。

因而,新的中学应当更好地适应它所有学生的这些特征:面对一种更加宽泛的并且超越家庭的体验,身心快速和突然的成长,与规则和规则的代表者(家长、老师、权威当局等等)易于产生冲突,重视友谊,期待与现实之间的冲突,屈服于压力而导致失望,重视同龄群体,对正式的学习几乎不会自发产生兴趣,不安全感,情感胜于理智和逻辑思考。尤其是要考虑这一阶段对于学生本人,其能力和建立将来的积极景象的重要性。

实际上,中学阶段的学生,尽管表现出是"难以应付"的对象,但他们同时也充满了有希望的潜力。

这一视角,对不同的层面都产生了一些重要的影响。成人与学生之间的关系,或学生与学生之间的关系,成为教育成功的必要构成,为此,班级和小组中关系的质量,表现出了其决定性;教师,他们不仅是自己学科方面具有价值的专家,同时也扮演了其学生个人全面成长过程中"陪伴者"的角色和职能,以及信息和知识,反思、信念和规划的中间人的角色和职能。

中学有可能成为整个教学事业的中轴点,因为它既是先前小学工作的肯定与延续,也是高中学习的准备。在中学阶段,受教育群体应该感到被接受、被爱与被理解,同时,他们也应该被引导去获得牢固和可靠的知识与能力。

因此,教学规则也发生了变化。对个人兴趣的关注、创造性的合作机会、对班级的认知潜力和社会潜力的积极利用,替代了一种以传授、被动地听讲和重复(口头)为基础的实践;代替了一种抽象观念对经验和具体现实问题的参考的主导,代替了个人主义式的孤立。对教师们来说,他们的观察能力、对话能力、集体协作能力以及面对学生的能力是十分重要的,这有助于教师们共同寻找可能的方式来评估学生并给予他们支持。教师职业行为的某些方面需要特别强调:

- 建议的意义:教学时要时刻考虑到学生发展的需要,一切活动都应以此为目的,不是为了练习而练习;
- 个性化:预备多种达到这些目标的教学过程。不要认为所有人都有同样的学习效率和速度,因为每个人的学习时间和方法都是不同的;
- 在下判断之前先进行评估:需要将学习学科知识的任务看成是一种推动力:困难并不完全是负面的,如果努力面对它们,困难也会展现出其积极的一面。
- 给予提高的可能性,要经常反馈一种教育的信号。错误需要被指出和纠正,但不应被看成是学生的失败和脱节。
- 有意识的亲近:努力使自己不要墨守成规。要具备真诚的态度,不要陷入到传统师生关系的陈规旧俗中。

所有这一切可以在教育化、心理化、民主化的范畴内得到概括。中学应该具备教学能力与敏感性,了解学生现实情况,并肩负起促进国家民主化发展的责任。

此外,我们也不能忘记,中学意味着义务教育的结束。像这样一种学校,它被认为是一种根本性的、大众的、普世性的、有教育性的学校,建立在"以提升每位公民和全体意大利人民的普遍水平为民主原则"之上的学校。它的意义在于实现"基础的文化准备",它使得个人、职业者和公民更进一步。

其内容可以被概括为基本文化工具的传授,它们被定义为不同的形式:

- 必要的识字和语言能力:读、写、表达、交谈、评论;
- 核心概念的认识和信息;
- 方法论上的策略和过程:获得信息的能力,进行比较的能力,和进行整理的能力;

• 态度、姿态、素质：合作、团结、自主、创造。

最后，当人们从中学离开时，手中会多出一个行李箱，这个箱子里装着各种对个人进步是基本的、必需的、工具性的、不可弃的和开放的物品。

2. 批评和确认

在这个意义上，回顾一下从理念规划到具体实现这一过程的诸多事件，会很有趣。事实上，这是一段已知的有不少艰难险阻的行程，其中的一些困难和阻碍还反映出这一体系内相似的新颖性。

我们曾说过，在意大利文化中存在着诸多重要的反对意见，也隐含着许多的抵制：有人担心，由于在学校不再以拉丁语为核心，不再肩负着筛选最适合学习的人的任务，而只是肩负着全民的基础教育的任务，会不可避免地导致文化水平的降低；有人（尤其是在教师群体中）害怕一种不得不接待新类型学生群体的困难，这些学生来自所有的阶层和社会文化，拥有初级预备阶段的几乎所有水平；有人认为，根据科学和信息的内容，而要求教师将教育、心理和教学元素放在首位的要求很过分；有人认为民主的和社会的"新人文主义"在质量上，要劣于先前的"古典人文主义"；有人担心合格教师的数量稀缺，尤其是在外语和科学这些科目；等等。

这些担忧并不是毫无根据的，但是为了肯定新的教育结构，它们是首先必须要战胜的"挑战"。

20世纪六七十年代出现了一些严厉的评价，认为这一学校改革是失败的，它们认为这种新型学校所作出的所有承诺似乎都不可能得到维持，有人甚至提出要回归到过去。特别是在著名的《一封写给女教师的信》（1967）一书中，洛伦佐·米拉尼（Lorenzo Milani，一位为山区的孩子开办学校的神父）认为，只要教师的陈旧思维模式没有改变，那些来自更加富裕、在家中更能准备文化资源家庭（经常使用民族语言，出入上流社会，拥有可以丰富文化的书籍和工具，等等）的孩子将会继续处于优势地位，而工人和农民家庭的孩子则会继续处于劣势，他们的自发性文化也不会得到欣赏和肯定。

事实上，新的中学并没有实现其社会平等和文化民主的初衷；另外，太多的教师并不确信也不适应以一种新的方式来理解教学，以及与学生的关系。有人甚至称其为"不可能的学校"。

20 世纪 70 年代标志着改革上的一次反弹:许多教师被替换,一些与学校创办理念一致的教师进入学校。许多学校以实例证明,无需抛弃 1962 年法律制定的民主原则,也可以实现高质量的中学教育。与此同时,任何针对学校宏观政策性的指导方针的变化,并没有得到验证。因此,单一制中学的"模式"得以确认和加强。同时,这一模式在许多其他的西方体制中也已经得到肯定。

1979 年拟定了新的大纲,在这些大纲中"初级中学的性质"得到了声明,其指向"基础文化准备的实现","为进一步的终身教育和再教育"提供了"前提"。

被纳入考虑的这些目标,作为积极参与国家和国际共同体生活的条件,涵盖个人文化和社会文化的一切领域。例如:获取和表达对世界和自身的体验;为自己设置问题,提出解决方法;将不同的问题划入同一个逻辑结构中;意识到自身的形体存在也是一种表达的手段;将学习看作是操作性的练习;建立人际和社会关系;发展个人责任、公民主动性和人类团结的原则;培养思考的一般方式(逻辑性、时间演化的观念和空间差异性的感知);使用数学和科学知识的专业语言;开启对技术现实的理解;珍视不同的体验:美学、逻辑、科学、技术等;获得一种批判的能力,等等。

1962 年的提出和 1979 年的确认,意味着这一学校的完成。在 2000 年,一些新的方针被颁布,它们使得课程规划和课程内容更加适应近四十年来知识和技术的飞速发展(我们只需要想想信息技术,以及它的所有衍生物和应用)。这些方针着重强调一种"实验性"概念的重要性(在具体经验的基础上学习);强调一种充满活力的学校视野的重要性,视学校为一种与它们的领域有积极关系的机构;强调对公民能力进行强化教育的重要性。此外,为实现一种有效的和具有教育意义的教学,必定会涉及多种的可能性(仪器和技术)。

3.强调

在 2007 年,确定将义务教育的阶段(公民履行接受教育的义务)延长两年,也就是说,从原来的 8 年延长至 10 年,从 6 岁扩大到 16 岁。在义务教育的最后两年里,学生可以选择进入高级阶段的中学,或者也可以选择接受职业培训。

中学现在处于一个特殊的形势中：一方面，它不再是义务教育的绝对终点；另一方面，在完成该阶段学习后，要参加一场国家考试，以证明所获得的能力。

因此，我们必定会把它看作是"基础性学习"的结束，它是"为实现终身教育前景而做准备"的一个阶段。这种教育"应该运用各种方法可供参考的灵活性，将普遍参与与分类教育结合，大规模地利用社区的不同教育资源。同时，基础教育还应当通过学校和社会建立起的双向关系紧密地将学校学习与校外活动联系在一起，并且深深地扎根于儿童和成人所处的社会、文化和自然环境之中"。基础教育的主要目标是"帮助每个人承担起自己生活的责任"，使之能够充分发展自我潜能，通过继续学习或进入到劳动和文化社会而积极参与社会生活，能够成为具有生产力、有效率且有满足感的公民，能够继续追求自己的继续教育，能够发展一种具有创造力的个性和批判性的思考方式，能够获得身心健康。上述所有意味着"潜能的充分挖掘，个性和谐发展与实现，融入自己所生活的社会团体的一种能力。此外，基础教育还要求人们获得从事某种有效劳动的具体能力，以及积极参与社会生活、对之作出评判和改变的具体能力"。该教育周期的内容包括"职业启蒙教育、生活经验、各类课外活动、文化活动"；该教育周期的目标在于"引导学生走入科学和技术的殿堂，为学生在理论和实际应用上去科学地理解这个世界提供基础"。具体来说，就是"职业启蒙，确立个体与社群的关系，加强社会服务的观念"，发展"审美意识，推进民族和文化的价值"；不仅如此，该教育周期还应该"根据和通过对所做决定和责任的承担来进行教育，发展儿童身上的利他主义天性"[①]。

关于所有这些参考标准，在开展中学的活动时应当考虑一些原则。

4. 连续性

怎样理解和实践与前阶段学校（小学）和后阶段学校（中学）的连接呢？

总体来说，连续性是整个学校教育过程中都存在的一个问题，着重任何变化、过渡、差异的引入，以及新关系的确立等。例如，什么是家庭教育和学校教育之间的连续性？换工作、换城市、搬家意味着什么？如何接待

---

① 　联合国教科文组织，1974 年，见前文注释。

新的同伴和邻居？

就学校而言,传统的观念认为,前阶段学校的任务是为后阶段学校作准备。但是逐渐地,一种相互关系的原则被明确,也就是说,后阶段学校也要与前阶段学校确立关系,避免学生在过渡的时候经历伤害。"尽量避免学生由于不同学校教师、学习计划和方法、关系方式的改变而受到伤害,这种伤害很常见,也很实际,但是,这是一个专业性的教学方法问题,是与教师敏感性及能力相关的问题"(A. Agazzi);不仅如此,学校的组织和运作方式也很重要。

例如,在意大利,小学和中学的连续性,由于很多因素而变得困难:小学老师不像中学老师那样接受过大学的训练;通常,小学每班仅配备一名老师,而中学每门学科都有一位老师;两种学校位于不同的建筑里,诸如此类。现在,引入了一些改变,这些措施为连续性创造了一个更有利的环境:即使是小学教师也要接受大学的训练,两种学校通常由同一位校长管理,并且位于同一幢楼内,等等。

总而言之,实现连续性的重要因素是教师的道德和职业素养、他们的集体感、与同事交流的意愿、对观察技术的运用、信息的交换、团队合作、共同的学习和相互间的对话。

中学不应该是小学教育一成不变的延续;而应该让学生朝着青春期可以获得的文化和知识的新可能性前进,使他们不再觉得那些困难是无法克服的,那些之前发生的冲突具有威胁性。青少年寻找并渴望新事物,但又害怕不知如何面对它们:真正的连续性是帮助他们去建立安全感。

5.定位

很多人认为,定位是该阶段学校教育的主要教育成果。

从根本上来讲,这个阶段,应该是帮助、支持学生发展一种对自己、对世界和对自己在世界上的位置产生早期认识的阶段。开展(认知性的、社会的、审美的、心理生理的)的所有活动,都指向这一目标,从对不同科目的学习,到对社会关系,道德的反思,个人和小组研究,运动和体育的表达。"中学具有导向性,因为中学支持针对学生自身发展的主动性,并且通过持续的教育过程(在这一过程中,不同的学校结构和不同的教育内容统一协力),正视社会背景把学生置于获取自身身份的环境条件中。当下和将来实际抉择的可能性,来自于一种决断能力的巩固,建立在对自身认识的基础上,但也不必放弃发展个人生活的规划。"另外,这种中学是"处在世界中"的学校,因为它"帮助学生逐渐获得对社会现实更加清晰和深刻的图景;帮助学生认识各类活动,通过它们人类为自身提供生存和改变生活的条件,理解历史和经济事件、组织结构、社会群体和个体决定之间的关系"①。

对于一个人的发展而言,开始学会认识自己,学会观察现实,学会欣赏一种文化,是最为关键的。意大利非常重视这一点,尽管相关的争论仍在继续。

二、经典思想选编

唐·洛伦佐·米拉尼(Don Lorenzo Milani)和来自一所"人民"的学校
——巴比安那(Barbiana)学校的学生②

巴比安那距海 470 米。

我们的学校③是一座私立学校。

两间神父所住的屋子,以及两间被辟为作坊的房间就是校舍。冬天的时候,有点挤。但是从 4 月到 10 月,我们就在室外上课,那个时候,我们不缺地方!

现在我们一共有 29 人,其中 3 个女孩,26 个男孩。只有 9 个孩子的家属于巴比安那教区。有 5 个孩子则借住在当地人的家里,因为他们的家太远了。另外 15 个孩子属于其他教区,他们每天回家:有人步行,有人踩自行车,而有些人则骑小摩托。有些人来自很远很远的地方,为了来这里上学,他们几乎要走上两小时,然后再花两小时走回去。

最小的孩子只有 11 岁,最大的 18 岁。年龄最小的孩子上初一,其他

---

① 《中学大纲》,1979 年。

② 选自 Manzuoli 编:《唐·米拉尼作品选集:手稿部分》,Rimini 出版社 1992 年版,第 118—119 页。

③ 由唐·洛伦佐·米拉尼在佛罗伦萨附近托斯卡纳丘陵地区的巴比安那村建立的学校。

人上工业学校①二年级和三年级。

那些已经结束工业学校学业的孩子则学习其他语言和机械制图。这些语言包括：法语、英语、西班牙语和德语……

授课时间从早上 8 点到晚上 7 点半。中间只有很短的就餐时间。早上 8 点之前，那些住得比较近的孩子在家里的马厩劳动或劈柴……

我们从没有娱乐，也没有游戏。当有积雪的时候，我们会在饭后滑上一个钟头的雪，夏天我们就在自己搭建的游泳池里游一小时的泳。我们不把这些视为娱乐，而视其为令人感兴趣的学校科目！堂区主任司铎②让我们学习这些技能，仅仅是因为它们对我们的生活有益。

学校 365 天，天天都上课……

我们有两间称为作坊的屋子，在那里我们学习加工木材和铁具，制造所有学校需要的东西。

我们有 23 个老师！因为，除去 7 个年龄最小的孩子，所有其他人都负责教比自己小的孩子。司铎只给年龄最大的孩子们上课。为取得毕业证书，我们以私立学校的学生身份③前往国立学校参加考试。

给一位女老师的信④

当新的中学模式在议会中被讨论的时候，我们这些人，保持着沉默，因为我们并没有在场。人们为意大利的农民讨论学校的时候，农民们在哪里？

看似对立，但其实是一样的各个派别之间⑤进行着无休止的讨论。

所有人都来自于高中。他们看不到生养他们的学校之外的哪怕一块巴掌大的地方。一个年轻的富人怎么可能侮辱自己及其言语所表达的畸形文化？

---

① 非文科初级中学（不讲授拉丁语）体制的遗留年级，在 1962 年被单一制中学模式取代。

② 本堂神父，学校的创建人，即唐·米拉尼。

③ 在非国立学校就读的学生。

④ 摘自巴比安那学校的《给一位女老师的信》，Firenze：Libreria Editrice Fiorentina，1967：95—97。

⑤ 我们并非随口这样说。我们两人耐心读完了长达 156 页的议会法案。

议员们分为两派。右翼提倡拉丁语,左翼提倡科学。没有任何人为我们考虑,没有任何人来到我们中间,没有任何人极尽所能想要去上我们的学校。

右翼中的任何一派都远离我们,以至于无法被讨论。我们需要一种现在的而不是昨天的语言,我们需要语言而不是专业。

因为只有语言才能实现平等。懂得表达自己和理解他人表达的人是平等的。谁富谁贫,并不是主要问题。你会说就足够了。

荣誉宪法的制订者①相信所有人都想成为外科医生,或在公文上写下"工程师"三个字:"有能力和有资格的人,即使没有财富,也拥有取得更高学位的权利"②。

而我们却试图教育孩子拥有更大的抱负。成为自己的主人! 而不是医生或工程师。

当我们所有人都学会了说话,就让野心家们去继续他们的学业。他们会上大学,取得文凭,赚钱,成为专家。

单一制中学③

阿尔多·阿加齐

······那些读过 1962 年法规(第 1859 号)和 1963 年大纲的人会发现文件中的概念和表述(它们也被 1979 年大纲采用),不仅具有重要的意义,而且形成重要的警示,要保障中学的真实性及其功能。文件中明确地将中学称为"初级中学",对"中等"原则进行了说明,这不是为了传统的目标,更不是为了和文化水平与小学相当的人进行愚蠢的争论,而是为了一个准确的历史—社会目标:使全民都获得一种中等水平和程度的教育,让所有个人和全体意大利民族在文化和活动的教育、准备、质量上都取得"飞跃",将他们有效地培养成为文明的主角,具有当代性和世界性的特征。

---

① "荣誉宪法制定者":支持意大利共和国宪法的议会成员。

② 《宪法》第 34 条。

③ 摘自《当代社会的教育和学校中有关个人发展和道德文化的重建中学及其身份》,载 AA. VV,*Quale scuola media*? La Scuola, Brescia, 1984:27—28。

这一发展"飞跃"的前提是针对全民的新学校拥有一种充分的"严肃性"和"中等性",反对稀释平行的八年制后初级学校的基础性质,反对任何降低初级中学教师资质的意图。

我们一直坚持这些观点:在文化外表之下,存在着一种普遍的衰落,对中学领域出现的这种衰落,必须要实现强有力的恢复;拒绝所有反对教育和教学自主的企图,(它们认为教育和教学自主)迷失在对一所异想天开的"义务学校"之中(或者一种模棱两可的"基础学校"。因此,这种学校成为僵化的学校逻辑的纪念碑和坟墓):它们是一种初等教育,为中等教育所延续。

因此,在一切顺利安置之后,教育—教学方面的检验便随之而来:……一种面向全民的单一制的学校(恰恰因为它不是一种大众化的"大众"学校,而是反对大众化的学校)应当成为所有人的、属于每一个人的学校;应当能够指导个人能力及其态度,即应该通过个性化的原则和手段来实现学校的运作。

今天的问题[①]
罗伯托·马泽奥

如今,初级中学(中学)还有意义吗?

今天,初级中学陷入了严重的身份危机之中。构成这一危机的因素有多种多样:义务教育的提升,使初级中学看起来失去了曾经的社会性(学校教育的义务);最近几位部长相互矛盾的意图和中断的改革;通过一门被安插在初级教育周期之末尾的课程来阐明中等教育概念的困难。尽管现状如此,我认为,初级中学依然有着其特殊性,作为学校,它陪伴并支持11～14岁的孩子们,通过一种核心教育,去验证对世界的认知和创造的答案。……一所依靠为数不多的必修基础学科(意大利语、英语、数学、历史)和一些选修的实验性学科(艺术、音乐)来激发、引导、帮助孩子使用理智、培养

---

① 选自《中学:怎样走出去?》(Scuola media:Come uscirne?),In:"Il Sussidiario. net",2009-3-7.

健康情感的初级中学,仍然有其存在的意义。

11～14 岁年龄段的学习特点是什么?

这一年龄段的少男少女们需要被关注和引导……事实上,学习,作为一种比传授更具戏剧性的行为,意味着一种基本的取舍;超越了自主性和意愿:它与教师关联,考量个人与需要学习的对象的关系。这里涉及一种行为和抉择;在青春期初期看起来会比较困难,但可以(也应该,随着年龄的增长承受日后的诸多问题)变成一种经验,前提是存在一种有效的"充实"的学习建议。当学习的不同方面:意义性,批判性和自主性能够共存并和谐地教授时,学习的过程就是"充实和完整的"。11～14 岁的青少年能觉察到对成熟的渴望。我们应当建议他们不仅要学习知识和能力,还要在现实的基础上,在一种开放和持续的比较中,将知识和能力以一种更自主的方式,与体验和个人经历联系在一起(这是一种极有意义的学习)。因此,他们需要一种学习方法。初级中学不是技术学校,它是传授学习方法的学校,同时具有一整套适用于学习一门学科到能力培养的原理和步骤。

初级中学仍然有用吗?

在某些条件下。例如,在他们需要成为主角和重写自己与现实关系的探索过程中,学校应该懂得接纳和陪伴青少年。因此,学校应当被组织成为验证经验和学习的场所和工具,传授(给学生)一种更有效的、也更加自主的学习方法……应当放弃百科全书主义、技术主义和心理辅导主义。在初级中学中,有太多的科目,每门学科都期望让自己成为学生知识成长道路上的核心部分,不愿意去知道和关注与其他学科的联系……结果是非常糟糕的,离教育目标相差很大。

我想象中的初级中学应该是一所轻松简约的学校,适应青春期初期的孩子在文化的关节点上去发现和冒险的渴望。这种学校,它一开始与小学衔接,总是越来越接近一种真实的中等教育,为此,它将提供真正需要的工具,为个人批判能力留出时间和空间,旨在让关键的能力(它们为能力社会和全球化社会所要求)在孩子们身上日趋成熟。

第三节　当前的实践[①]

一、中学的组织结构

1. 教学科目和课时

中学法规中,学习计划包括以下科目:意大利语、历史和公民教育、地理、数学、自然科学观察与基本要素、外语、艺术、体育。

此外,该计划还规定,技术应用和音乐教育是一年级的必修课(在之后的年级里这些则成为选修课),二年级时,意大利语教学与拉丁语基础知识相结合。三年级时,拉丁语则开始成为独立科目(选修课)。

学生在每个学年伊始选择选修科目。

必修课的总课时不得超过每周 26 课时。

根据 1979 年的教育大纲,教学科目有:天主教、意大利语、历史、公民教育和地理、外语、数学、化学、物理和自然、技术、艺术、音乐、体育。所有科目均为必修课,各个年级的每周总课时均为 30 课时。

在这些年份中,学习计划、周总课时、年总课时以及各科的课时数会在一定的范围内浮动,从 59/2004 号立法法令(莫拉蒂部长)规定的 27～30 课时,到 89/2009 号总统令(吉尔米尼部长)规定的 30 课时,还有延长课时制的选项,从每周最少 36 课时到每周最多 40 课时不等。

实际上,为初级中学所制定的两种"学校课时制",规定了如表 3.1 所示的学习计划和周总课时。

表 3-1　学习计划和周总课时

教学科目	正常课时制		延长课时制	
	每周	每年	每周	每年
意大利语、历史、地理	9	297	15	495
文学科目深入学习活动	1	33		
数学与科学	6	198	9	297

① 皮耶罗·卡塔内奥,第一级中学校长,通讯员。

续表

教学科目	正常课时制		延长课时制	
	每周	每年	每周	每年
技术	2	66	2	66
英语	3	99	3	99
第二欧盟语言	2	66	2	66
艺术与图像	2	66	2	66
运动与体育科学	2	66	2	66
音乐	2	66	2	66
天主教	1	33	1	33
在课时表中学校目前所提供的学科内选择一门学科进行深入			1 / 2	33 / 66

根据 169/2008 号法律的规定,公民与宪法教育被归入历史—地理学科。

在初级中学,音乐性的指导课程也被允许加入。这类课程在课程的必修课时之外开展。

信息技术教育值得单独讨论。在 59/2004 号立法法令所规定的学习计划中,信息技术教学被视为是与科学联系在一起(该科目的名称为科学与技术)的科目,该科目的全年平均总课时为 118 个小时,其中有 33 课时专门用于技术教育。

信息技术教学每周总课时的确定,取决于各所学校(或者在一个学年的某个特定时期所需要完成的总课时数),但应该以该校当前教师所具备的多媒体语言的实际能力为基础。

在后续的学习计划和《国家指导方针》中,信息技术不再作为单独科目/学科出现,而是作为一种语言出现在某些科目或者三大学科中。

然而,将信息技术看作是一种横向的教学似乎只是从表面上解决了问题。信息技术由谁来教?课时是多少?这些问题都尚未清晰。任何一所中学组织,都要根据当前的实际专业能力,以保证学生学习多媒体语言。

需要补充的是,根据关于学校关系的重新组织条例(81/2009 号总统令)和关于幼儿园及第一教育周期的机构、组织和教学的修改条例(89/2009 号总统令),自主和选修的创造的可能性减弱,而在过去,它们意味着自主学校文化和教育方面的机会。

事实上,从 2009—2010 学年开始,在家庭的要求和教师组织允许相互协调的情况下,强化式的英语教学被引入,它可以利用第二欧盟语言的 2 个课时,或者那些规定用于学科深化活动的课时。

此外,在许多学校,对于那些在意大利语方面不具备必要的知识和能力的外国学生,这些课时也可以被用于强化意大利语的教学。

2. 教育提供方案和学校的课程计划

初级中学像幼儿园、小学一样,如今也和第二教育周期内的学校一样,不仅要着手制订教育提供方案,①也要制订学校的课程计划②。

在当前的历史时刻,所有第一教育周期和第二教育周期的学校都已经制订并赞成教育提供方案,这个方案,与针对自主学校教育教学行为的指导标准和路线并行。制订和通过学校课程计划的经验并不太普遍,这种学校课程计划被理解为是教育方案的子集,在各所独立学校,需要根据学校课程计划指导,对实施的教学选择进行说明。

学校的课程计划一旦被确定并获得支持,便成为能够保障学生的成绩参照表,包括能力,在具体学科内容与所有科目和各学科领域相关的各个方面,各种活动在方法和教学上的选择,班级管理中的操作模式。

学校的课程计划中还包括学习检验的标准和工具:对成果和学习行为过程的评价;能力证明的标准和形式。

由于一些现行规定的模糊性,学校课程计划在被制订的时候,可以联系各学科的能力,也可以联系各个学科领域的能力(横向能力),或者公民能力。

对于保障和验证能力结果的标准,取决于各自教师的协会。

3. 学生的评估和第一教育周期国家结业考试

针对学生评估的现行规范进行协调的 2009 年政府部门条例,重新把 10 分制引入学生的成绩体系中。这在单一制中学建立之初曾被使用,而自 20 世纪 70 年代(517/1977 号法令)起一直到 2008 年,在中学里采用的

---

① 教育培训计划(P.O.F):所有各独立学校在文化、教育、组织和管理方面的特色。

② 在各独立学校,共同实施教学选择。

是分析性和综合性评价。

学生行为的团体评分是规定的,但确定分数的方式,各校之间并不相同。

根据第一教育周期中的国家结业考试法令而引进的创新,值得单独阐述。

由 26.08.1981 号部长法令所规定的中学毕业考试的结构,基本上得到了保留,这种考试包括意大利语、数学和外语的笔试和一场口试。现在,则又规定了一门欧盟语言的笔试(由各学校决定),特别是引入了由国家教育系统评估院(Invalsi)组织的全国考试,它与口笔试成绩和资格评价一起来决定总分。这个最后的分数(总分)是单科考试分数与资格评价(均为十分制)的平均分,四舍五入。

国家教育体系评估院(Invalsi)举办的全国考试对各个学校来说都是非常重要的激励。该考试代表着衡量学生学习成果的一种潜在的"客观"工具,但是在义务教育年龄提升至 16 岁和第二教育周期重新安排的条件下,如果能对整个考试进行重建或对中学的体制安排进行修正,这种考试可能会更有意义。

4.技术的发展和巩固

21 世纪的前十年已经见证学校被卷入到新兴多媒体技术爆发和广泛扩散之中。根据第一教育周期的学校,尤其是初级中学的报告,有两大"事件"构成了这一变化的基础:

- 在属于第一和第二教育周期的学校里,引入 LIM(多媒体互动黑板);
- 根据 TIC 课程而对教师进行的培训;2.0 班级计划以及数字学校计划的启动。

几年来,多媒体互动黑板的引入加快了学校教学领域的创新。

LIM(多媒体互动黑板)是一种多用途工具,适用于所有学科和不同年级,在初级中学的试验性使用中取得了良好的结果(2005—2006)。该黑板在教室里的使用,能够使教师有效地支持他的陈述,对学生在教学活动上的关注、积极性和参与性产生正面的影响,使交流和人际关系的建立变得更为容易。

此外,LIM(多媒体互动黑板)还能利用数字资源,逐渐不断地发现教学工具与教学方法的潜力。在互动黑板上,就像在"经典的"黑板(包括石灰板,或其他材料的黑板,或者是可移动的纸板或页面)上一样,仍旧可以写写画画。

这对于还不能非常熟练地使用多媒体互动黑板的教师和学生来说,是一个初步的熟悉过程。

在初级中学(和其他学校)中对 LIM 的关注和广泛使用,使 LIM(多媒体互动黑板)成为学校教室标准的一项"技术"。因为它们一般被放置在班级里,而不是实验室或特殊教室,而 TIC(信息与交流技术课程)直到今天仍然被局限于这些地方。

因此,数字黑板是一种促进变革的工具。在它的初期阶段,为使一种创新性的工具成为教学实践转变的具体支持,教师获得培训和支持的需要,变得愈益明显。

特别是,2.0 班级计划旨在尝试将技术引入日常教学。不再是学生去多媒体教室上课,而是将实验室搬到班级里来。

在新兴信息技术和多媒体技术被引入 15～18 年的时间里,产生的最显著、最无可置疑的结果是,在学校的教学、组织和管理方面,与信息交流的新体系密切联系的文化获得了发展。

最早的 TIC(信息与交流技术)和更新技术,事实上已经改变了初级中学正在进行的教学实践,改善了学校内部和学校与外界的交流关系。几乎所有的中学都有自己的网站,可以从中获取许多的信息,包括学校的性质特征、所提供的教育计划和学校的课程、正在学校开展的项目、教学经验的记录和已经完成的教学活动、与其他学校的合作项目、合作机构或机关的链接,还有与所有辅助教学服务(行政部门、食堂、交通、咨询服务)相关的信息,以及有关学校章程、共同教育责任协议(PEC)、学习评价的标准和文件、学校的自我评价和学校资质证书的信息。

二、一所创新性的中学

"S. 格里菲尼将军"(Gen. S. Griffini)学校于 1953—1954 学年在卡萨普斯特雷戈市(居民有 1.5 万,伦巴第大区罗迪省)开始运行。为了使它的教育和文化内容适应现实情况,也为了有效并贴切地响应整个卡萨普斯特雷戈市教育和培训的要求,该学校总是保持与时俱进。

整所学校有 25 个教室和 12 个实验室。底楼还有用于举办会议和文化活动的大礼堂。三楼是食堂,一般可容纳大约 250 名学生就餐,只在下午有课的三天开放。从 17 点到 24 点,学校的体育馆也可为当地的体育协会所使用。此外,学校还设有学生图书馆和教师专业图书馆。借书和查询服务尤其活跃。图书馆的档案由信息技术支持,查询非常便捷。

在格里菲尼学校课程提供的计划中,学校的目标是:

- 成为一所开放的、与地区融合的学校,可以为更加细化和灵活的“学校课时制”进行实验;
- 接纳学生的问题、敏感并关注学校里的各种秩序和层级的连续性、教育的导向问题;意识到社会的复杂性,以及许多由社会向现在承担教育教学责任的人提出的许多问题;
- 以创新的方式,对日常“活动”中学生认知、情感、关系和操作之间的动态平衡提出建议;
- 广泛地使用教育教学技术——功能性的工具,以推动学科和超学科的学习,使[学生]学会新的语言形式(符号、图像、多媒体,等等);
- 致力于各个教育情景的设计,其特色是通过让学生参与、承担责任并积极应对对每个学生都有意义的现实论题、问题和任务的形式,使学生能够主动的学习。教师不同的教学大纲,都有对各种学习情境的说明,规定了执行的不同时期,这些时期伴随着个人的学习和吸收;因此,这种学习的情境更关注“做”,而不是“说”和“重复”。

上课安排为周一到周六(8:15—13:15),下午则在周一和周三(14:15—16:15),之后的时间则被分配给音乐指导活动(16:15—19:00)。

选修活动的选择,在三年级开设,由家长与班级委员会协调老师共同协商决定;上课时间为周一和周三。音乐指导教室里的课程安排在下午,与教师协商决定。

附加的选修活动

三年级(卡萨普斯特雷戈)的选修活动见表 3.2。

表 3.2　三年级(卡萨普斯特雷戈)的选修活动

活动项目	3°	3B	3C	3D	3E	3F	总数
欧洲计算机操作资格证(ECDL)实验室	7	3	11	0	2	4	27
拉丁语	4	0	0	1	2	2	9
数学巩固	8	7	7	13	5	6	46
数学强化	1	0	1	1	3	1	7
剑桥英语初级考试(KET)	1	1	6	0	2	1	11
外国学生意大利语总数	21	11	25	15	14	14	100
视唱	13					11	
工具	13					11	
总数	47	11	25	15	14	36	148
周一餐厅	10	2	8	0	2	13	35
周三餐厅	5	4	10	0	3	5	27

我们参观实验室

(1)计算机实验室

学校拥有三个计算机实验室(见图 3.1)。学生们要交替上短期的计算机课程,尤其是在针对二、三年级延长课时的共班授课期间;一年级在每周的实验课(2 课时)时间内上。

图 3.1　计算机实验室

充满积极性和兴趣的一年级学生,他们被指导去初步认识计算机、鼠标和打印机,并尝试使用专门的语言。

因此,他们能够指出计算机可以完成的其功能的多样性:计算、组织信息、处理文档、教学、保存信息、进行电子游戏……

二年级学生对前一年所学内容进行复习和深化,他们被指导利用Publisher 程序去制作带有表格和图片的文档。

最后,三年级的学生,证明他们已能达到自主管理计算机及其部件的水平,通过 Word、Power Point、Amico、资料档案,他们能够制作不同话题、演讲、超媒体,它们将会被展示,例如在毕业考试中。寻找一种以正确、有效使用"机器"为目的的方法,必须以大量的分析、综合练习为前提,而这些练习的教育价值是毋庸置疑的。

(2)科学实验室

自 2001/2002 学年起,在学校新的科学实验室开始运行。为满足师生进行学科实验的需要,实验室装有大柜台和设备(见图 3.2)。科学老师们的共识是,仅靠演绎式的教学模式对于学生的科学教育是不够的;还要采取一种能强化培养学生观察与推论的探索精神的方法。因此,要利用不同的材料作为信息的来源,学生们更倾向于在一种实验式的背景下获得知识。

图 3.2 科学实验室

此外,这种学习环境能够达到不同的目标:

- 有利于师生,学生和学生之间的关系,使后者能以最自主的方式交换观点;
- 对学生而言,因为能加入到教育的过程之中,而感到欢乐;

- 强化横向能力的获得,如建立模型的能力、书面表达能力、使用专有术语的能力。

在学校的实验室,也有可能完成与不同科学领域相关的经验:从细胞到运动、从化学现象到声学和电学。

（3）艺术教育实验室

在中学的三年时间里,艺术教育老师的目标是通过发展他们主观性思想的构建,培养（学生）的敏感度、审美品位和实践能力,让学生能够用个人的、有创意的方式与人表达、交流。

这些目标通过表达—创造体验与鉴赏—评论活动的交替开展而实现。因此,实验室的利用就显得尤为重要（见图3.3）。为循序渐进的发展一种表达方式和批判性能力,提供工作的精确标准,以此克服结果中的随意性。

图3.3　艺术教育实验室

在实验室里,会对很多技术进行实验。为了促进学生选择最符合其个性表达的工具,例如,学生们制作饰以历史画或其他饰品的玻璃——它们与一段历史——艺术时期有关,这个时期它们"占据主流",即哥特式艺术。通过不同的技巧和材料,比如:黑色纸板和彩色羊皮纸,或者醋酸纤维素和合适的毡毛笔,来实现它们。

（4）技术实验室

技术是一种通过"知道怎么做"而试图把学生与外部世界进行比较的知识形式。"学会做"的意思是要清楚意识到整理混乱的材料是事情得以实现的流程。为组织一种有效的教学过程,实验室是必不可少的（见图3.4）。通过实验室的教学方法可以培养许许多多的能力。良好的科学/技术教学应该以知识的阐释和实验性的实践活动之间的持续互动为基础。

图 3.4　技术实验室

真实和/或不真实的实验室实践应被视为是一种针对制定任务的执行和获得使用工具的特定能力的场所。"实验室"不仅仅是配备设施的封闭空间，用以进行一些实验和证明；也是一切校内外机会的集合体，有助于提供观察、实验、规划和评价的实际操作环境。

（5）音乐教育实验室

音乐教育的目标不是培养初出茅庐的音乐家，而是提供尽可能多的激励，培养学生对音乐的好奇、兴趣和热爱（见图 3.5）。

图 3.5

通过音乐，我们试图让世界所有其他知识都穿插其中，使孩子们意识到"知道"是"学习"的出发点。

实验室是实现最终目标的方法，实验时间是理论与实践融合的时刻，尝试与观念相碰撞的时刻，知识成为以"学习"为直接目标的"动手做"的时刻。

这一目标在音乐实验室里得以实现。实验室是一个小型工作室 MIDI(Musical Interface Digital Instruments，音乐界面数字工具)，配备能互相传输数据的电子设备(一个小型混合器、一台控制键盘、一个用于传递数据使声响设备运行的键盘、一台扩音设备、扩音器和音箱、安装在电脑上的音序器程序)，以便能够完整地实现一个音乐片段。

不管是在与学生交流，还是将研究和其他学科项目的实现相结合，MIDI 工作室都是无与伦比的工具。

老师根据学生所提供的创意和建议，提供简单的教学，使其具体化。

(6)体育馆

在格里菲尼中学内部，为能够充分实现政府部门大纲所规定的纲领性目标，运动和体育活动享有特殊的环境。

体育馆内丰富的设施(见图 3.6)，为延长学时制的班级而规定的大量体育教育时间，这两者的统一，保证了学生能进行大量的体育活动。

图 3.6　体育馆

通过向体育学科不同技术的逐步靠近而得以实现的体育活动，会改善所有学生自身的技能、从情感上丰富心理—运动素质，特别注重协调能力的发展。

学科大纲还规定了每一学年 10 课时的游泳课。

游泳课由班级老师在市立游泳池内授课，对所有学生都免费。

体育课的课时组织规定：第一、二年级为每周 3 课时，第三年级为 2 课时。为对所开展的活动进行总结和评估，我校的传统是组织班际对抗赛。

学生们对这种活动反应热烈,因为其满足了青春期初期少年与同龄人进行比较的自然需求。教师们创造了条件,使得全校师生都能积极参加比赛,吸收这样的观念:竞技主义被认为是在面对他人的时候尽力展现最好的自己。

　　学校网站不仅仅是一个窗口,也是学校在时间岁月中的"历史记忆"。例如,在下面的网站中可以找到被记录下来的经验的不同例子:

www. griffini. lo. it

卡萨普斯特雷戈"萨维里奥·格里菲尼将军"(罗迪省)

初级中学

与索马耶阿"M.博尔萨"分校(罗迪省)

结语　任务与展望

　　尽管所谓的"校园外"教育的重要性愈发明显，也得到了认可，但学校仍然是教育生涯和教育学辩论中的主角。因此，我们现在应开展一种双重思考：一方面关注事实，另一方面则关注理论。

　　1.大背景

　　若要概括近十几年来学校的角色和功能，就不能不考虑到两种深刻的批判性反思运动，即去学校化的理论，和不以学校为中心的观念。无论从何种意义上讲，这两种思想都得到了确认和强调，同时也显露出与校外环境的广泛互动关系，明确了继续教育领域强劲的发展前景。

　　这种新景象的中心使学校丧失了独特性，即学校作为教育机构，能够以一种循环和综合性的视角（多功能、多样化、多方面），尽一切可能地全面支持个体的自我意识和自我规划能力的发展。

　　此外，也应考虑到西方发达国家所共有的许多社会经济本质对意大利的国情带来的影响：

- 生产力发展减缓的阶段；
- 出生率下降的后果：公共投资的优先权丧失；
- 青少年受教育群体的扩大，及随之而来的学校适应能力上的困难，学校接收的义务教育学生数量巨大，但无法成功使其融入校园及为其提供必要的支持；
- 家庭结构迅速而深刻的变化，导致需要重新定义家庭与学校之间相互合作的需求和条件；
- 计算机技术的普及与相应的学习形式和自学习惯（自我教育的新形式）；
- 没有安全感以及对传统的不确定性占据主导地位。

除此之外,不应忽视且必须反思的问题是,一些资料显示出学生对学校的不适感,产生心理上批判性的疏远,而学校未能吸引和促进有效的精力投入,无法应对新颖丰富的交流形式与关系方式。

特别是在最近的十年中,突显出许多困难因素,如:

- 老一代和年轻一代之间的裂痕;
- 信息媒体的挑战,相对于传统的"线性认知方式"而言,信息媒体将感官性的"非线性同步认知方式"放在了首要的位置;
- 家庭学习的可能性,这种可能性与对公共学校教育的某种不信任密切相关;
- 教师的疲惫状态,使其疏于维护与学生的关系,教学工作的有效性降低;
- 文化整合的任务;
- 缺乏与产业的联系,似乎更倾向于发展培训机构;
- 成人教育变得日益重要,其中来自经验而非授课的非正式学习占据多数;
- 教育机构与学校的主角,即学生、教师和家长,所表现出来的不适感与害怕:先入为主的敌意、轻视偏见、年龄较大者对年龄较小者的冷漠和侵略;教师备课的瑕疵、权威的缺失、学生不能很好地倾听教师,而教师也不能很好地倾听家长等等。

中等教育(初中和高中)似乎代表着一个敏感问题的阶段。

2. 补救措施

因此,为了能真正地重振学校的价值,开拓可持续的发展道路,我们需要重视一些基本的举措。

最重要的补救措施是学校意义的重建。学校教育要推动个体层面的自我实现,以及"公民"的集体道德建设,在此进程中,学校以民主群体的形式而存在,呈现出"人类生态"的整体特征,其中公民生活的每个成员都自觉地具备可教育性,而"教育原则应在促进公民空间内部及周边的多方位教育发展中突显可见的日常活动"(J. J. Goodlad)。

学校也可以与传媒工具建立起新的关系,通过与媒体的结合重新强化其在"保障个人情感的稳定性与安全感"上的功能弱势。事实上,学校除了要"传授知识"外,还应"培养学生的行为方式,促进其社会意识的发展,指导其尊重公民社会的活动、共存与规范"。此外,学校教育与多媒体结合发展的前景并不会摧毁教育体系,这种结合将有助于"建立一种更坚固的新型文化媒介,它相似于由传媒工具所创造的文化媒介,并能与之相整合,从而调整个体认知能力与参与能力的不对称与不平衡"(M. Morcellini)。

值得注意的是,外界对于学校的认知存在着差异,一种观念认为学校应承担起道德培养和心理教育的责任,而另一种观念则认为学校仅仅是一种社会性的存在,应强调其产出的成果。事实上,学校是一个具有深远意义的、重要的"环境"和"生活体验",并非只是简单意义上的学习场所。

因此,我们将指出讨论中的一些要点,从学校的目标和功能性需求方面来思考其教育本质。

- 必须明确的是,学校首先要基于某种价值观念才能开展教育教学,且总可以找到正确的教育方式(即非强制的、非独断的、非渎职的、非意识形态的教育方式),通过成年人的榜样和社会共存的品质将这种价值观点生动地体现出来。

- 任何级别的学校都必须将具有普世意义的重大课题纳入到其教育范畴中来,这些课题包括:和平、道德精神建设、环境问题、跨文化概念、公民教育、持续的自我发展、消费教育、课余时间教育、国际交流教育等(Rapporto Delors)①。

- 必须为中学投入巨大的精力和教育举措,以回应青少年迫切的需求。

- 学校的质量不能只停留在言语中,而应该通过具体、实用的操作内容来实现:学校的人文环境建设、组织结构分权与其他教育资源所举办的活动进行整合。

- 学校需要进一步深化对校外教育形式的理解、并推动学校经验与校外教育的互动。

- 应加强开放式多种教育专业的培育,实现教育行为模式的多样化,不断推广真正的教育文化。

---

① J. 德洛斯:《教育宝藏》,罗马:Armando 出版社 1977 年版。

3.因此,在新千年中,意大利学校应该做些什么? 我们对它还有怎样的期许?

T. Husèn与F. de Closets的思想在今日仍具价值。前者指出,学校的任务是"通过有意义的学习体验,将各种技能与精神财富传授给一代又一代的学生";后者则认为,"应该重建'学习'这个动词的真正意义,即学习是生命的智慧"。此外,他亦提到"要重新唤醒人的主动性、探索欲、永不止熄的好奇心和对未知的渴求"。

4.正在推动的体系

为了学校未来的发展,我们需要对近十几年中出现的一些教育路线和推动措施进行巩固,并将之系统化。

(1)自主性

学校享有各种形式的自主权,即有权力和资源对其职能、管理、规划与课程等方面进行决策。这种自主管理的趋势已在西方教育体系中存在多时,它将每所学校看作是独立的"交流体系",即"从事复杂环境转换的人文机构",在"理性自由"的前提下创建自己的课程设置(OCDE,1974)。换言之,这种方式根据不同情况的具体诉求做出合适的回应,而非简单地给出一个泛泛的决策。

以此为宗旨,国家将"教育大纲"修改为"教育指导方针",其原则是在制定目标时要考虑到具体实施方式的多样性。不论怎样,"国家指导方针"要关注公共文化特征,明确规定学习的标准与水平,并给出有集体意义的教育路线;该方针应包括面向所有学生的学习活动与内容,但并不会为每所学校制定出完整的活动建议。

在各种可行性方案中,应注意到建立校际合作形式的可能(学校网络),以促进重要项目和活动的实施。

为鼓励并支持学校的独创性与专业创新,我们将采取措施以减少学校的被动性和对官僚主义的依赖。因此,认可学校作为研究场所是非常重要的,也就是说,学校具备自主思考和自主规划的专业环境。

(2)评估

与评估相关的问题变得越来越显著,这亦造成观点与意义上的诸多分歧。事实上,评估对象的范围涉及学生、学校工作人员(教师和管理者)和学校机构;而评估的种类亦各不相同,包括:国际比较评估(意大利学习成果在欧洲和世界上的水平)、传统评估(教师给学生分数、写评语)、心理诊断评估(由专业人士进行分析)、标准化评估(国家教育机构组织的考试);学校评估(学校自我开展的评估分析);等等。

许多因素都对评估体系产生了影响,其中最重要的是经济压力(根据收益控制成本)、政治压力(国际关系)、社会压力(对现实培育成果的认知)与职场压力(学校人员所表现出来的自我欣赏的意愿)。

从管理者到学生,不同的评估方式针对不同的群体而展开,且都有其意义。当前的评估方式趋向于对成果的检验,而当义务教育结束之后,评估将更具决定性。对于学生而言,这意味着学习进度的减缓,以及升学难度的增加;对于各级学校的教师而言,这意味着薪酬待遇以及职业发展的分化。

总而言之,这种趋势是不可避免的,但有必要采取一种合适的方法,让严格的理性化标准和灵活的"接待—陪伴—指导"实现共存。

这也许是意大利学校及教育界未来需要认真研究的课程。

(3)调研和培训

学校的生命力不在于墨守成规,而在于不断地创新和改革。调研与培训是保障学校顺利改革的两种基本方式,前者是在大范围内进行,而后者则更适合于有限的、特定的范围。改革,源自于创新意识的不断积累与深化,那些未曾被认可的创新想法能够在改革的过程中得到平反,并被归纳概括成教学系统的新规则。

改革应建立在研究的基础上,否则将成为生硬的形式主义;同样,创新意识亦需要高水平的培训将其付诸实践。

意大利学校不断尝试着这两种变革的"途径",但实验结果却引发了众多争议:有人认为学校系统过度不稳定,而有人则认为改革仅仅是表面性的,并不深入。

无论如何,都不应该将研究与培训分开,而要让两者共存,相互配合,成为教育合理性的重要支柱。

不管是研究还是培训,皆应在可行性与可信度上为教育改革环境的搭建而努力。

参考资料

De Lellis，A.，*La valutazione delle politiche formative in Italia* (《意大利教育政策的评价》). In：Dell'Aringa，C.，Lucifera，C.（eds.）. *Il mercato del lavoro in Italia：Analisi e politiche*(《意大利的劳动市场：分析和政策》)，Rome：Carocci editore，2008

Eurybase - Banca dati della rete Eurydice sui sistemi educative europei（Eurydice"欧洲教育制度"网数据库）（Italia，a. s. 2008/2009），consultabile ondine all'URL：

http：//eacea. ec. europa. eu/education/eurydice/documents/eurybase/eurybase_full_reports/IT_IT. pdf

EURYDICE，*Le strutture del sistema di istruzione，formazione professionale e educazione degli adulti in Italia*(《意大利成人的教导,职业培训和教育制度的结构》),2007/2008

http：//eacea. ec. europa. eu/education/eurydice/documents/eurybase/eurybase_full_

reports/IT_IT. pdf

http：//www. indire. it

http：//www. invalsi. it

http：//www. miur. it

http：//www. pubblica. istruzione. it

http：//www. ricercheformazione. it

http：//www. istat. it/lavoro/sistema _ istruzione/tavolescolastico. html

Ministero dell'Istruzione，dell'Università e della Ricerca-Direzione Generale per gli Studi，la Statistica e i Sistemi Informativi，*La scuola statale: sintesi dei dati a. s.* 2009/2010(《国立学校:2009—2010 年数据概述》)，Roma，2010